创新型中等职业教育精品教材

职业生涯规划与发展学习指导

主编　钟立新　陈光建

江苏大学出版社
JIANGSU UNIVERSITY PRESS

镇　江

内 容 提 要

本书根据教育部颁布的中等职业学校《职业生涯规划教学大纲》和中等职业教育教材《职业生涯规划与发展》编写而成，紧扣教材《职业生涯规划与发展》的内容，分为六章，每章由知识链接、实践与训练、拓展阅读、名人名言四部分组成。

本书与教材配套使用，题型多样，内容全面，重视理论与实践的密切结合，可作为中等职业学校的辅导用书。

图书在版编目（ＣＩＰ）数据

职业生涯规划与发展学习指导 / 钟立新，陈光建主编. -- 镇江 ：江苏大学出版社，2014.7（2022.9 重印）
ISBN 978-7-81130-789-4

Ⅰ. ①职… Ⅱ. ①钟… ②陈… Ⅲ. ①职业选择－中等专业学校－教学参考资料 Ⅳ. ①G717.38

中国版本图书馆 CIP 数据核字(2014)第 153456 号

职业生涯规划与发展学习指导

Zhiye Shengya Guihua yu Fazhan Xuexi Zhidao

主　编 /	钟立新　陈光建
责任编辑 /	吴昌兴　仲　蕙
出版发行 /	江苏大学出版社
地　址 /	江苏省镇江市京口区学府路 301 号（邮编：212013）
电　话 /	0511-84446464（传真）
网　址 /	http://press.ujs.edu.cn
排　版 /	北京谊兴印刷有限公司
印　刷 /	北京谊兴印刷有限公司
开　本 /	787 mm×1 092 mm　1/16
印　张 /	7.5
字　数 /	135 千字
版　次 /	2014 年 7 月第 1 版
印　次 /	2022 年 9 月第 9 次印刷
书　号 /	ISBN 978-7-81130-789-4
定　价 /	25.80 元

如有印装质量问题请与本社营销部联系（电话：0511-84440882）

编者的话

为了帮助中职学子更好地理解和掌握《职业生涯规划与发展》的内容，帮助中职学子更好地提高自身职业素养，为就业、创业做好准备，我们组织编写了《职业生涯规划与发展学习指导》一书。

本书根据教育部颁布的中等职业学校《职业生涯规划教学大纲》和中等职业教育教材《职业生涯规划与发展》编写而成，紧扣教材《职业生涯规划与发展》的内容，分为六章，每章由知识链接、实践与训练、拓展阅读、名人名言四部分组成。

在本书编写过程中，我们力求本书具备以下几点：

- 重点突出：本书每章设置了知识链接，帮助学生梳理知识要点；实践与训练的题目紧扣知识要点，引导学生掌握知识精髓。
- 题型多样：本书借鉴优秀辅导材料，题型设计多样，设置了填空题、选择题、辨析题、简答题、案例引导及拓展阅读，通过多种题型调动学生做题的积极性，引导学生充分思考，帮助学生巩固所学知识。
- 理论与实践相结合：知识链接、实践与训练部分紧扣基础知识，帮助学生掌握理论知识、打牢基础。拓展阅读和名人名言部分让学生在阅读中分析和思考，帮助他们从所学专业和实际出发，揣摩理论知识，思考个人实际，确立自己的职业规划。

本书由钟立新、陈光建担任主编。其中，第一、二、三、四章由钟立新负责编写，第五、六章由陈光建负责编写，最后由钟立新统稿。

由于编写时间仓促，加之编者水平有限，书中疏漏与不当之处在所难免，敬请广大读者批评指正。

本书配有习题答案，读者可登录文旌综合教育平台"文旌课堂"（www.wenjingketang.com）下载。

目　录

第一章　树立职业理想

知识链接

1．职业

职业是指人们从事的比较稳定的有合法收入的活动。能称为职业的活动必须具备三个条件：一是有专门的分工；二是比较稳定，从事某种职业必须达到一定时间；三是有一定的合法收入。

2．职业的特点

职业具有专业性、多样性、时代性的特点。

3．职业的作用

第一，职业是谋生的手段。

第二，职业是进行社会交往的重要渠道。

第三，职业是实现人生价值的舞台。

4．职业生涯的含义

职业生涯是指一个人一生的职业经历，即一个人一生职业发展、职位变迁及职业理想实现的过程。

职业生涯对于个人发展的意义十分重大。拥有一份有成就感和自我实现感的职业是生活幸福、个人充分发展的重要基础。

5．职业生涯的发展阶段

第一阶段：职业准备，一般从 14～15 岁开始，延续到 18～28 岁。

第二阶段：就业与择业，一般集中在 17～30 岁。

第三阶段：职业生涯初期，一般在就业后一两年到 40 岁。

第四阶段：职业生涯中期，一般为 40 岁及之后的工作时间。

第五阶段：职业生涯后期，一般为退休前几年。

6．职业生涯的特点

职业生涯具有独特性、发展性、阶段性、终生性、互动性的特点。

7．职业生涯规划的重要性

（1）通过职业生涯规划可以充分认识自我，不断提升自我。

（2）职业生涯规划能够使自己的奋斗目标更明确，同时增强自身发展的目的性与计划性。

（3）职业生涯规划可以激发一个人的潜能，提高成功的概率。

8．中职生职业生涯规划的特点

中职生职业生涯规划具有体现主体性、突出专业性、注重实践性的特点。

9．职业理想对人生发展的作用

（1）职业理想是人生的奋斗目标。

（2）职业理想是人生力量的源泉。

（3）职业理想能促进人生价值的实现。

10．职业理想对社会发展的作用

（1）职业理想是社会进步的助推器。

（2）职业理想是构建和谐社会的基础。

11．职业生涯规划与职业理想的实现

（1）职业生涯规划促进职业理想的实现。

（2）实现职业理想需要合理规划。

实践与训练

（一）填空题

1．职业是指人们从事的＿＿＿＿＿＿＿＿＿＿＿＿的活动。

2．职业的特点有＿＿＿＿＿、＿＿＿＿＿、＿＿＿＿＿。

3．职业生涯的就业与择业阶段一般集中在＿＿＿＿＿岁。

4．职业生涯的特点包括独特性、＿＿＿＿＿、阶段性、＿＿＿＿＿、＿＿＿＿＿。

5．中职生职业生涯规划具有＿＿＿＿＿＿、＿＿＿＿＿＿、注重实践性的特点。

6．确立＿＿＿＿＿＿，就是为自己确立人生实践活动的目的和人生的奋斗目标。

7．职业理想对社会发展的作用表现在职业理想是＿＿＿＿＿＿的助推器，是＿＿＿＿＿＿的基础。

8．为了确保职业理想的实现，发挥职业理想对人生发展和社会发展的作用，＿＿＿＿＿＿＿是十分必要的一步。

9．为确保职业生涯规划合理、可行，要努力做到以下几个方面：首先，要瞄准职业理想；其次，＿＿＿＿＿＿＿＿＿；最后，要综合考虑社会因素。

（二）单项选择题

1．下列不是职业的特点的一项是（　　　）。

A．专业性　　　　　　　　B．多样性

C．独特性　　　　　　　　D．时代性

2．关于职业生涯的发展阶段，下面表述不正确的一项是（　　　）。

A．职业准备阶段一般从 14～15 岁开始，延续到 18～28 岁

B．就业与择业阶段一般集中在 17～30 岁

C．职业生涯初期一般在就业后一两年到 40 岁

D．职业生涯后期一般为 40 岁及之后的工作时间

3．下列不属于职业生涯的特点的一项是（　　）。

    A．整合性   B．发展性   C．阶段性   D．独特性

4．职业生涯规划的重要性不包括（　　）。

    A．帮助你充分认识自我，不断提升自我

    B．使你的奋斗目标更明确

    C．可以激发你的潜能，提高成功的概率

    D．帮助你不用太努力就可发展自己

5．以下关于中职生职业生涯规划的说法错误的是（　　）。

    A．要明确自己的理想和目标，对自己有一个准确的定位

    B．实施策略具体详尽即可完成职业生涯的规划

    C．要立足专业，深入了解自己的专业优势

    D．把注重实践性作为制订职业生涯规划的出发点

6．关于职业理想的作用，下列说法错误的是（　　）。

    A．职业理想是人生的奋斗目标

    B．职业理想是人生力量的源泉

    C．职业理想能促进人生价值的实现

    D．职业理想只对个人有意义，对社会发展没有任何作用

（三）判断题

1．判断他们所做的是否是职业。（是的画"√"，不是的画"×"）

（1）王某开了一个印刷厂，专门印制盗版书籍，以此谋取利益。

（2）小张中职即将毕业，现在在车间实习。

（3）李某是家庭主妇，她的工作主要是在家做家务。

（4）小赵毕业后一直在自己家的厂子里帮忙。

2．判断以下是否属于职业理想。（是的画"√"，不是的画"×"）

（1）小陈的理想是挣够了钱环游世界。

（2）小王在餐馆打工，她的理想是通过自学考试获得大学文凭。

（3）小程电气化专业毕业后进入公司，他的理想是 5 年内成为项目经理。

（4）小魏现在是一名卫生职业学校的学生，她的理想是成为爱心志愿者。

（四）辨析题

1. 就业与择业阶段的主要任务是强化或调整自己的职业理想、调适职业方向。

2. 在职业生涯中，只有确立职业理想，才能走向成功，职业理想对人生的发展具有重要作用。

3. 只要确立了职业理想，努力走好当下的路，就没有必要做职业规划。

（五）简答题

1. 职业的作用表现在哪些方面？

2. 职业生涯有哪几个发展阶段？

3. 简述职业生涯规划的特点。

4. 简述职业生涯规划的重要性。

5．中职生职业生涯规划有哪些特点？

6．简述职业理想对人生发展的作用。

7．职业理想对社会发展具有哪些作用？

8．职业生涯规划对实现职业理想的重要性表现在哪些方面？

（六）案例分析题

案例一

梦想起航

——做一名模具技师

序言

春天的花开了，

是你的笑容。

走出家门，

凝望蓝天，

给人生一个许诺，

让梦想高高飞翔，

让人生结出累累硕果。

诗一样的生活，

意志如大海般广阔，

不期望得到幸运，

毅然背起执著，

放飞自己的梦想。

树的方向由风决定，

人的方向由自己决定。

生命就像画布，

全靠自己挥洒。

一、个人分析

1. 个性特征

我是一个性格内向、不擅长与人聊天的女孩儿，但我好奇心强、喜欢思考，尤其喜欢做数字推理题、看侦探小说。我做事认真、责任心强，相信"有志者事竟成"；我踏实稳重、注重细节，把自己的生活和学习规划得有条不紊。

2. 兴趣爱好

受传统教育的我成长在现代社会里，因而我身上既有传统的优势，也不乏现代追求创新的精神。我对文学有一定的热爱，喜欢看《读者》《青年文摘》《特别关注》之类的杂志；我喜欢运动，羽毛球、乒乓球、跳绳都是我擅长的项目；和其他女孩不同的是，我还喜欢摆弄一些小玩意儿，经常把家里的一些东西拆了又装、装了又拆，反复摆弄。我也时不时会修理一些家里的日常用具，如果自己的自行车哪个零件丢了，我就找一个装上；家里新买的电扇是由我安装的，如果需要清洗，也是由我进行拆装，这些对我来说都是很有趣的事。

3. 专业倾向

高中的应试教育，也许并不适合每一个人。高二时我退学了，我认为自己并不适合走那条路。退学之后，家人不同意让我再继续念下去，但是我很不甘心，我有很强的学习愿望和能力，我希望能找到适合自己的学业道路。于是，在家人的反对下，我来到郑州的小姨家，小姨帮我选择了河南机电学校，让我在这里继续学习。报名时，我根据自己的爱好和兴趣选择了模具这个专业。

在一年的中专学习中，我发现自己很喜欢这个专业，也找到了对学习的自信。我们学校有很多实践课程，在学校车间实习期间，我做了铣方块、车圆柱等工件，当我做的工件的尺寸、形状等被检测合格时，我就会产生很强的成就感。

在学校职业生涯规划课上，老师让我们做了霍兰德职业倾向测试量表，测试结果显示我属于 R 型（实际型）的人。实际型的人愿意使用工具从事操作性的工作，动手能力强，做事手脚灵活、动作协调；偏好具体任务，不善言辞、不善交际，喜欢安定。这种类型的人会被吸引去从事那些需要一定的技巧、力量和协调性的职业，如木匠、农民、操作 X 光的技师、工程师、飞机机械师、鱼类和野生动物专家、自动化技师、机械工（车工、钳工等）、电工、无线电报员、火车司机、长途公共汽车司机、机械制图员、机器和电器修理师等。测验结果让我更坚定了自己的专业选择，我希望自己能在模具设计与制造专业上不断进步。

4. 价值倾向

也许有人会说，模具这个专业不适合女孩子，但是我不这么认为，我认为做这个行业并没有男女之分，有的只是个人爱好和态度的差别，是个人对生活的一种追求和挑战。

二、职业分析

1. 行业环境分析

模具制作是我国入世后为数不多的有竞争优势的行业之一。当前世界上正在进行着新一轮的产业调整，一些模具的制造逐渐向发展中国家转移。中国成为世界企业巨头在全球范围内寻找低成本的模具加工研发中心的首选地之一，并逐渐成为世界模具大国。目前，我国这一产业的总产值已跃居世界第三。

中国模具工业高速发展需要大量模具人才。据劳动部门的调查显示，目前企业对模具人才的需求越来越大，现有的模具人才远远不能满足当前制造业的需求。在北京、广东、浙江等地，模具设计人员、模具开发人员、维修人员等已成为人才市场最紧缺的人才，尽管许多企业打出"高薪诚聘"的招聘启事，也不一定能招到合适的人才。

我希望自己能尽快加入这个行业，为我国的模具行业贡献自己的力量。

2. 学校环境分析

我学的模具设计与制造专业是学校里的重点专业之一，有良好的发展前景。学校的教学设备比较先进，在校期间我们不但学习有关模具专业的理论知识，而且还亲自动手进行实际操作，这些教学活动对我们掌握先进技能起到巨大的作用。我的老师非常优秀，掌握过硬的本领，能与我们分享及时的资讯，对我们的专业学习很有帮助。

3. 家庭环境分析

我出生在农村，很小的时候，妈妈就不在了，后来爸爸又组建了一个新的家庭。当我自动从高中退学之后，家人一怒之下不同意我继续上学了。但是，第一学期结束后，当我捧着大红的一等奖学金荣誉证书和"三好学生"荣誉证书回到家里的时候，爸爸再也没有说什么。我知道爸爸是爱我的，是我在这个世界上最亲的人，他希望我能学有所成，希望我能离开这个小地方去寻找自己的幸福。

三、确定职业目标

人往高处走，水往低处流。不怕做不到，只怕想不到。想要自己的人生更精彩，首先要给自己一个明确的目标，或许这个目标有足够的难度，但也有极大的吸引力。

明天我将成为一名优秀的模具技师，终生为模具事业做贡献，为国家模具行业的发展出一份力。

四、目标实施阶段

1. 2009—2011年：模具中级工中专毕业

知识目标：学习机械制图、金属工艺及材料热处理、机械制造基础等专业基础课课程，掌握冲压工艺与模具设计、模具制造工艺、数控铣削技术、CAD/CAM技术等专业技能。

能力目标：提高自己的实际操作能力，提高人际沟通能力。

学历目标：取得中专毕业证书、铣工中级工资格证书；参加对口升学考试，升入大专。

知识学习：认真学习各门课程，不懂就问；参加铣工中级考试，多向专业课教师和学长们请教经验；积极复习大专对口升学考试的内容。本阶段的学习重点是提高学历层次。

能力提高：在车间实际操作时，严格遵守车间规定，认真做工件，勤于向老师和师傅问问题，力求学到更多的知识和技能。参与竞选班级学生干部，学会与老师、同学处理好关系，主动多说话，克服自己不善言谈的缺点。

2. 2011—2013年：模具中级工大专毕业

知识目标：学习机械制图测绘、机械零件设计、机械专业英语等基础课程；掌握模具现代制造技术、高级数控铣削技术等技能。

能力目标：提高实际操作能力，初步培养模具设计能力，提高组织能力。

学历目标：取得大专毕业证书和国家中级制图员证书。

知识学习：认真学习各科课程，注重学习和阅读多方面的知识，扩大视野。本阶段的学习重点是优化知识结构，把自己培养成一名高素质的大学生。

能力提高：通过学校一体化教学，充分利用在学校车间的练习时间，提高自己的技能水平；大专阶段参与学生会干部竞选，争取在组织能力等方面得到更多的锻炼。

3. 2013—2016年：模具高级工工厂工作

学历目标：取得铣工高级资格证书和制图员高级资格证书。

职务目标：成为一名知识型工人。

技能目标：熟练掌握工厂各种生产设备的操作和工作流程，努力实现技能创新，为工厂节约成本、改进技术贡献力量。

能力目标：熟练处理本职务工作，工作业绩在同级同事中居于突出地位；学会处理好各种人际关系。

知识学习：向工厂有经验的师傅和同事们学习实践技能，同时在工作中大量阅读书籍，不断补充自己的知识储备，不懂的地方向原来的老师和工厂的前辈请教。

能力提高：尝试参加一些技能比赛，通过比赛了解外界同行的技能水平，不断提高自身技能；加入或培养一个工作团队，和同事们处理好关系，发挥团队优势，共同进步，共同提高。

4. 2016—2022年：模具技师工厂工作

学历目标：取得技师职称、本科学历证书。

职务目标：企业或工厂的高级技术人员。

能力目标：熟悉国内外先进技术，综合国内外先进技术，进行一定的科学探究。

知识学习：参加技师考试，将自己工作几年的知识积累和技能积累提高一个层次；参加自学考试或者成人考试，提高自己的学历层次，使自己在模具道路上不断前进。

能力提高：参加全国技术性比赛，不断了解国内外模具动态，进行科学研究。

结语

古语有云："眼睛所看到的地方就是你会到达的地方，伟大的人之所以伟大，是因为他们决心做出伟大的事。"

我说："命运，掌握在自己手里，不要因为困难，摔倒了，就松开手，等待命运来扶你，那样你会是命运的奴隶。握紧了，命运就由自己掌控。"

【思考】

1. 小程的梦想是什么？她准备通过几个阶段来实现自己的梦想？

2. 你认为中职生是否有必要制订自己的职业规划，为什么？

3. 每一个中职生都有自己的职业理想，这对个人人生的发展有什么重要意义？

4. 读完小程的职业生涯规划，你有什么感想？请你为自己做一个简单的职业生涯规划。

案例二

四只毛毛虫的故事

毛毛虫都喜欢吃苹果，有四只要好的毛毛虫都长大了，各自去森林里找苹果吃。

（1）第一只毛毛虫

第一只毛毛虫跋山涉水，终于来到一株苹果树下。它根本就不知道这是一棵苹果树，也不知道树上长满了红红的可口的苹果。当它看到其他的毛毛虫往上爬时，稀里糊涂地就跟着往上爬。没有目的，不知终点，更不知自己到底想要哪一种苹果，也没想过怎么样去摘取苹果。它最后的结局呢？也许找到了一颗大苹果，幸福地生活着；也可能在树叶中迷了路，过着悲惨的生活。不过可以确定的是，大部分的虫都是这样活着的，没想过什么是生命的意义，自己为什么而活着。

（2）第二只毛毛虫

第二只毛毛虫也爬到了苹果树下。它知道这是一棵苹果树，也确定它的"虫"生目标就是找到一颗大苹果。问题是它并不知道大苹果会长在什么地方？但它猜想：大苹果应该长在大枝叶上吧！于是它就慢慢地往上爬，遇到分枝的时候，就选择较粗的树枝继续爬。于是它就按这个标准一直往上爬，最后终于找到了一颗大苹果，这只毛毛虫刚想高兴地扑上去大吃一顿，但是放眼一看，它发现这个大苹果是全树上最小的一个，上面还有许多更大的苹果。更令它泄气的是，要是它上一次选择另外一个分枝，它就能得到一个大得多的苹果。

（3）第三只毛毛虫

第三只毛毛虫也到了一棵苹果树下。这只毛毛虫知道自己想要的就是大苹果，并且研制了一副望远镜。还没有开始爬时就先利用望远镜搜寻了一番，找到了一颗很大的苹果。同时，它发现当从下往上找路时，会遇到很多分枝，有各种不同的爬法；但若从上往下找路时，却只有一种爬法。它很细心地从苹果的位置由上往下反推至目前所处的位置，记下这条确定的路径。于是，它开始往上爬了，当遇到分枝时，它一点也不慌张，因为它知道该往哪条路走，而不必跟着一大堆虫去挤破头。比如说，如果它的目标是一颗名叫"教授"的苹果，那应该爬"深造"这条路；如果目标是"老板"的苹果，那应该爬"创业"这个分枝。最后，这只毛毛虫应该会有一个很好的结局，因为它已经有自己的计划。但是真实的情况往往是，因为毛毛虫的爬行相当缓慢，当它抵达时，苹果不是被别的虫捷足先登，就是苹果已熟透而烂掉了。

（4）第四只毛毛虫

第四只毛毛虫可不是一只普通的虫，做事有自己的规划。它知道自己要什么苹果，也知道苹果将怎么长大。因此当它带着望远镜观察苹果时，它的目标并不是一颗大苹果，而是一朵含苞待放的苹果花。它计算着自己的行程，估算当它到达的时候，这朵花正好长成一个成熟的大苹果，它就能得到自己满意的苹果。结果它如愿以偿，得到了一个又大又甜的苹果，从此过着幸福快乐的日子。

【启示】

第一只毛毛虫是只毫无目标、一生盲目、没有自己人生规划的糊涂虫，不知道自己想要什么。遗憾的是，我们大部分的人都是像第一只毛毛虫那样活着。

第二只毛毛虫虽然知道自己想要什么，但是它不知道该怎么去得到苹果，在习惯中的正确标准指导下，它做出了一些看似正确却使它渐渐远离苹果的选择。而曾几何时，正确的选择离它又是那么接近。

第三只毛毛虫有非常清晰的人生规划，也总是能做出正确的选择，但是，它的目标过于远大，而自己的行动过于缓慢，成功对它来说，已经是昨日黄花。机会、成功不等人。同样，我们的人生也极其有限，我们必须把握，那么单凭我们个人的力量，也许勤奋一生，也未必能找到自己的苹果。如果制订一个适合自己的计划，并且充分借助外界的力量，借助许许多多的望远镜（在我们的现实生活中可以理解为找贵人帮自己）之类的，也许第三只毛毛虫的命运会好很多。

第四只毛毛虫，它不仅知道自己想要什么，也知道如何去得到自己的苹果，以及得到苹果应该需要什么条件，然后制订清晰实际的计划，在望远镜的指引下，它一步步实现了自己的理想。

【思考】

1. 通过上述故事，你怎样理解职业生涯规划与职业理想实现之间的关系？

2. 四只毛毛虫因为不同的目标和规划而得到了四种不同的结果，作为一名中职生，你认为在制订自己的职业规划时应注意哪些方面的问题？

_____

_____

_____

_____

_____

_____

_____

_____

案例三

梦想由我编织

小方是一个品学兼优但身体比较柔弱的女大学生，她的理想是当一名教师，为此，她放弃了银行优厚的待遇和工作环境，到她心仪的一所学校去面试。由于这所学校所需要的是有工作经验的教师，所以，以她的条件，是不符合学校的用人要求的。不过，小方并没有放弃，她准备努力以自己的真诚和实力打动校长的心。

第一次面试失败了。她回到家中，意外地接到了那所学校的电话，这次是征求她的意见，问她是否愿意到这所学校去应聘校长办公室的秘书，她毫不犹豫地同意了。

小方在成功地做着校长办公室秘书的同时，没有放弃自己做一名教师的心愿。她一边做秘书工作，一边听"晚上班"的课，认真做听课笔记，用心写听课心得和对老师教案的点评。

过了一段时间，当她再次向校长表明自己想当老师的心愿时，正准备出差的校长让小方做 10 份英语教学提纲，如果考查合格，就录用她为这所学校的任课教师。

小方做的教学方案得到了校长的认可，但接下来，她还是要在学校的老师面前试讲，经老师们考查合格后才能成为一名教师。试讲结束后，老师们指出了她试讲中的不足，也充分肯定了她的优点。通过锲而不舍的努力，小方终于如愿以偿，当上了教师。

【思考】

1. 小方如何如愿以偿当上了教师？

2. 你是否有自己的理想？你打算如何来实现自己的理想，是否已经为实现自己的理想做好了规划？

_____

_____

_____

拓展阅读

著名企业家小井，年轻时曾在 M 公司工作。进入公司不久，由于他体质衰弱，积劳成疾，最终病倒了。他凭着坚强的意志与病魔斗争了 3 年之久，终于康复，并重回到公司工作。

当时，他已经 25 岁，于是立下了往后 25 年的生涯计划，这是他第一次为自己制订职业生涯的计划。此后，他每年都为自己未来的 25 年生涯订立新的计划。比如 28 岁时，他就制订了到 53 岁时的生涯计划；30 岁时，就制订出到 55 岁时的生涯计划。

最初他制订生涯计划的动机相当单纯。他觉得，病愈后再回到公司，一些比自己晚入公司的后辈的职位都超过了他，要想在短时间内拉近近 3 年的差距着实不易。但是，小井并不是一个轻易服输的人。由于担心自己再过分逞强会引起旧病复发，于是他就想找出既能悠闲工作又可快速休息的方法。因此，他就抱定："好吧!别人花 3 年时间，我花 6 年的时间；别人花 5 年时间，我就花 10 年的时间，只要不慌乱，一步步地前进，还是会有成就的。"

所以，小井订立自己的 "25 年计划" 表，并确实督促自己按计划实践。他不断地对 "如何才能以最少的劳力，消耗最少的精神，以最短的时间方能达到目的" 这个问题进行思索，也就是说，他不断地力图找到既轻松又一定能成功的战略、战术。他经常不断地调整自己的职业设计计划，追加新的努力目标，使自己的启蒙目标和工作目标也逐渐扩展充实起来。当他还是一个小小办事员时，就开始学习科长应具有的一切能力；当他荣升为科长时，就学习当经理应具备的能力；当他成为经理时，就再进一步学习胜任总经理的能力。

总之，他总是从自己的现实出发学习应具有的各种能力，然后再进一步为未来打基础，以便能随时胜任更高的职位。这一切都是得益于他所订的职业生涯规划。到了 30 岁时，小井成为经理；到了 40 岁时，则当上了总经理，他的升迁比别人要快得多。而 47 岁时，他干脆离开 M，自己开始经营公司。能取得这些成就，也并不是因为他的脑筋特别好或者善于走后门，只不过是因为他能拟定适合自己生涯的计划，并且能去实践。

【思考】

读完小井的故事，你有何感想？你是如何规划自己的职业生涯的？

_____

_____

_____

_____

_____

_____

_____

_____

名人名言

● 梦想一旦被付诸行动，就会变得神圣。

——阿·安·普罗克特

● 一切活动家都是梦想家。

——詹·哈尼克

● 人生最痛苦的是梦醒了无路可走。做梦的人是幸福的；倘没有看出可走的路，最要紧的是不要去惊醒他。

——鲁迅

● 人生因梦想而永生；失去梦想，生与死无异。

——詹姆斯·迪恩

● 人生最重要的事情就是确定一个伟大的目标，并决心实现它。

——歌德

● 理想是指路明灯。没有理想，没有坚定的方向；没有方向，没有生活。

——列夫·托尔斯泰

【思考】

以上名人名言对你有何启发？你有用来激励自己的座右铭吗？分组讨论各自的理想，并探讨理想的作用。

_____

_____

_____

_____

_____

_____

_____

_____

第二章 寻求自身职业发展

知识链接

1．专业

专业是指根据学科分类或生产部门的分工把学业分成的门类，如会计、物流、电子商务、文秘等专业。

2．中等职业学校专业设置的特点

中等职业学校的专业是根据社会发展和经济建设的需求而设置的，具有明显的技术性和职业性。

3．职业群

职业群是指与基本技能相通，工作内容、社会作用和所需从业者素质较为接近的职业群体。

4．中职生面对的两类职业群

（1）适合中职生横向发展的职业群

适合中职生横向发展的职业群主要体现为首次就业时择业面的拓展或今后可能转岗的职业。

（2）适合中职生纵向发展的职业群

适合中职生纵向发展的职业群主要体现为技术等级和职务的提升，是中职生有一段工作经历后可能晋升的岗位，是职业生涯发展潜在的岗位。

5．职业素质的构成

职业素质是指从业者在一定的生理和心理条件的基础上，通过教育、劳动实践和自我修养等途径而形成和发展起来的，并在职业活动中发挥作用的一种基本品质。它主要包括思想政治素质、职业道德素质、科学文化素质、专业技能素质和身体心理素质五个方面。

思想政治素质是从业者在思想政治上的信仰或信念，包括世界观和价值观。

职业道德素质是指从业者在职业活动中所表现出来的遵守职业道德规范的状况和水平，包括从业者在职业活动中表现出来的职业态度、职业行为规范、职业道德修养等。

科学文化素质是指从业者对自然、社会、思维、科学知识等人类文化成果的认识和掌握程度，包括科学精神、求知欲望和创新精神。

专业技能素质是指从业者在专业知识和专业技能方面表现出来的状况和水平。

身体心理素质是指从业者身体各器官的机能与个性心理品质的状态和水平，包括健康的体魄、健全的心理。

6．职业资格

职业资格是指对从事某一职业所必备的学识、技术和能力的基本要求，包括从事某种职业所需要的生理和心理素质、思想品质、职业道德、职业知识、职业技能、实践经验等。

7．职业资格证书

职业资格证书是国家发给达到职业资格规定的学识、技术和能力要求的劳动者的证明。

8．树立正确的成才观

（1）三百六十行，行行出状元。

（2）学有所用。

（3）认识自我，实现自我。

9．兴趣与职业的关系

（1）兴趣对职业选择具有重要作用。

（2）各种职业的工作性质，社会责任，工作内容、方式，服务对象和手段均不同，所以不同职业对从业者存在着不同的要求。

10．职业性格

职业性格是指人们在长期特定的职业生活中所形成的与职业相联系的比较稳定的心理特征。

11．职业性格的调试

（1）严格要求自己。

（2）向身边的优秀人物看齐。

（3）主动参加社会实践。

12．能力

能力是指人们顺利完成某种活动所必须具备的个性心理特征。它是人的素质集中、综合的体现，直接影响着人们的活动效率。

13．职业能力的提高

（1）努力学习专业知识。

（2）重视实践。

（3）培养良好的品质。

14．职业价值取向

职业价值取向是指人们对某个职业有无价值的固定态度与看法。它包括对专业、职业本职的认识，选择专业、职业的标准，职业理想等内容，对职业的发展有着重要作用。

15．分析职业价值取向时注意的问题

（1）符合社会发展要求。

（2）做到人职匹配。

（3）树立竞争意识，主动参与社会竞争。

16．职业价值取向调整

（1）适当定位，切忌"这山看着那山高"。

（2）着重发展，切忌"急功近利"。

（3）立足自身实际，切忌"好高骛远"。

（4）端正职业动机。

17．学习状况的分析与改善

学习效果受到很多因素的影响，其中最主要的因素是学习动机和学习方法。因此，要改善学习状况，应该端正学习动机、改进学习方法。

18．行为习惯的分析与改善

习惯是指表现为惯性的态度和行为。行为习惯就像我们体内的指南针，指引着我们的行动。对中职生来说，养成良好的行为习惯对其职业生涯发展有着重要意义。因此，中职生既要养成好习惯，又要摒弃不良习惯，具体应该做到目标明确、循序渐进、持之以恒。

19．家庭状况与职业生涯规划的关系

家庭状况包括父母的职业背景、家庭的人际关系、家庭经济状况等内容，在很大程度上影响着个人的职业生涯规划和未来职业选择。

20．行业

行业一般是指按生产同类产品或具有相同工艺过程抑或提供同类劳动服务划分的经济活动类别，如饮食行业、服装行业、机械行业等。

21．关注行业发展动向

中职生应了解所学专业、所在行业的发展动向，主要包括以下五个方面：

（1）本行业出现的新技术、新工艺。

（2）本行业产生的新职业、新岗位。

（3）本行业与相关行业之间的动态关系。

（4）本行业对从业人员的各方面要求。

（5）国家、地方和外资对本行业及相关行业的投资动向，以及本地区同行的状况。

22．区域经济

区域经济是指在一定区域，经济发展的内部因素与外部条件相互作用而产生的生产综合体。

23．区域经济发展动向分析

在分析区域经济发展动向时，应把重点放在两个方面：一是与从业者职业生涯发展有直接联系的区域经济特点；二是本地区区域经济与其他地区区域经济的比较。

实践与训练

（一）填空题

1．中等职业学校的专业是根据社会发展和经济建设的需求而设置的，具有明显的＿＿＿＿＿和＿＿＿＿＿。

2．职业群是指与＿＿＿＿＿相通，＿＿＿＿＿、＿＿＿＿＿和＿＿＿＿＿＿＿较为接近的职业群体。

3．职业素质主要包括＿＿＿＿＿＿、＿＿＿＿＿＿、＿＿＿＿＿＿、＿＿＿＿＿＿和＿＿＿＿＿＿五个方面。

4. 职业资格包括_____、_____、_____、_____、_____和_____。

5. 中职生可以从_____、_____、_____三个方面调试自己的职业性格。

6. 学习效果受到很多因素的影响，其中最主要的因素是_____和_____。

7. 家庭状况包括_____、_____、_____等内容，在很大程度上影响着个人的职业生涯规划和未来职业选择。

（二）单项选择题

1. 下列不属于职业素质的构成的一项是（　　　）。

　　A. 思想政治素质　　　　　　　B. 社会道德素质

　　C. 科学文化素质　　　　　　　D. 身体心理素质

2. 以下属于职业资格的是（　　　）。

　　A. 教师资格　　　　　　　　　B. 秘书资格

　　C. 注册会计师　　　　　　　　D. 律师资格

3. 从个人角度分析，以下不属于职业价值取向的是（　　　）。

　　A. 维持并提高物质生活的需要

　　B. 满足精神生活的需要

　　C. 承担社会责任的需要

　　D. 达到家人要求的需要

4. 下列不属于中职生应了解的所学专业、所在行业的发展动向的一项是（　　　）。

　　A. 本行业的新技术、新工艺

　　B. 本行业对从业人员的各方面要求

　　C. 本行业与相关行业之间的动态关系

　　D. 本行业的薪资待遇

（三）辨析题

1. 职业素质的灵魂是职业道德素质。

2. 有了学历证书和能力，职业资格无关紧要。

3. 中职生应该有自己的个性，不应该因为工作而改变自己的性格。

4. 一切都要看个人的能力，家庭状况不会对个人的职业生涯规划和未来职业选择产生影响。

（四）简答题

1. 举例说明中职生面对的两类职业群。

2. 职业素质主要包括哪几个方面？对每一方面做简要的概括说明。

3．如何树立正确的成才观？

4．简述兴趣与职业的关系。

5．中职生应如何调试自己的职业性格？

6．如何提高自己的职业能力？

7．从个人角度来看，价值取向可分为哪几种？

8．分析职业价值取向时，应注意哪些方面的问题？

9．当心理预期与社会发展、自身条件不符时，中职生应如何对职业价值取向进行调整？

10．中职生应如何分析并改善自己的学习状况？

11．简述如何改善行为习惯。

12．简述家庭状况与职业生涯规划的关系。

13．中职生关注行业发展动向，主要应注意哪些方面？

14．如何分析区域经济发展动向？

（五）案例分析题

案例一

一句"玩笑"，两种人生

小辛和小方是硕士阶段的同学，两人毕业后在南方的同一所高校任职，并且还在同一个系里。在迎接新教师的座谈会上，院长殷切地希望年轻人树立人生目标，并为之奋斗。会后，两人开玩笑，说目标就是当院长了，看谁先当上。

表面是句玩笑话，两人心中却早已当真。小辛认真、冷静、做事有计划；小方灵活、圆滑、办事有冲劲，两人迥异的性格就决定了他们会有不同的人生。

3年后，小方当上了副主任，小辛仍是一名普通老师；15年后，小辛当上了院长，小方仍是一名副主任。原先职位在上的小方现在即成了下属，他承认自己输了，但不明白自己输在哪。

自从立下目标后，小辛制订了自己的人生规划。前3年，他练习普通话，学习讲课技巧，琢磨学生心理，研究课本；3年后，他讲课在学校已小有名气。第4年到第7年，小辛考上另一所高校读博，在此期间专心研究学习方法。第8年到第12年，小辛潜心做研究，在国际期刊上发表文章、承担国家级课题，渐渐成为该领域的知名学者。从第13年起，小辛不仅以科研为主、重视教学，还开始加强各方人际关系。第15年老院长退休后，人们不约而同地想到让小辛接班，学术、教学、人际关系样样不错，不选他选谁？

小方则不同，一开始就关注仕途，以经营上下级关系为主，3年便当上了副主任。可是一上任就感到各方压力，上课水平一般、科研没有成果、处理问题难以服众。当了两年主任很不顺，看到一些同学当老板，心中羡慕，也悄悄在外合伙开了间餐厅。不到一年，餐厅倒了，又相继开了面粉厂、美容院、服装店，可是干一行亏一样。瞎忙了4年才发现，自己不适合经商，还是在高校好。回头再往上走，发现过去的同事都有了很大进步，自己必须跟上，一会儿忙教学，一会儿搞科研，生活工作忙得像锅粥，什么都干不好。到了第15年，小方还是个副主任，但再不有点改观，恐怕也快"下课"了。

【思考】

1. 小辛为实现自己的职业目标做了哪些方面的努力？

2. 小方的职业价值取向方面存在哪些问题？你认为应如何调整自己的职业价值取向？

3. 职业生涯的发展是留给那些不停地自我学习、努力奋斗的人的。对上述案例中两个人的故事，你有什么感想？

_____

_____

_____

_____

_____

_____

_____

_____

案例二

父母选择的专业

小章是某卫生职业学校护理专业的一名学生，还有不到一个学期的时间即将面临毕业，之前她听从父母的安排选择了现在的专业。"从小到大，我的很多事情都是父母一手包办的，选择专业时自己也没有什么想法，就听从了父母的安排，稀里糊涂地学了这个专业。父母觉得这个专业毕业以后好就业，而且相对稳定。可是，我对护理确实没什么兴趣，上课时觉得无聊，下课也懒得翻书，到了期末考试都是临阵磨枪才得以'涉险过关'。后来我发现自己感兴趣的是服装设计，第一年的时候，我曾和爸妈商量重新选择学校和专业的事情，他们听了很不理解，说我的想法幼稚，不切实际。由于他们的极力反对，我只得作罢。中职生活转瞬即逝，我在专业方面毫无兴趣，成绩也很一般。现在，同学们都在忙着实习、找工作，可我却觉得前途一片渺茫。"

【思考】

1. 小章的父母认为这个专业毕业后好就业，为什么小章现在却觉得前途一片渺茫?

2. 如果你是小章，面对自己不感兴趣的专业，你会怎么做?

_____

_____

_____

_____

_____

_____

_____

_____

案例三

成功来自兴趣与职业的相互匹配

背景：小欣，2001 年毕业于南京航空大学，所学专业是航空电器，之后先后转战了两家企业，一直从事电子工程师方面的工作。

自述：航空电器与拓展教练是两个风马牛不相及的职位，都说跳槽时两个行业不能离得太远，不然会摔得很惨，但我却完成了一次成功跳跃，也终于把职业与兴趣统一，找到了最合适的切合点，找到了自己的风向标。

兴趣相左，工作走神炸黑了脸

大学毕业后当了几年的电子工程师，由于对工作内容不感兴趣，工作中常常走神，而技术工作需要的是绝对的耐心和踏实，整天看着机器，经常一周都说不上几句话，而这与我外向、希望与人交流的性格大相径庭，有时到了休息日感觉自己的语言能力都退化了，话都说不利索了。有一次在工作中把电容的正负两极接错了，使得电容内部爆炸，把脸都炸黑了。

在现实与兴趣间徘徊

我决定忠于自己的兴趣准备转行，应聘 A 公司的拓展训练师。开放式的工作环境、乐观性格的需要以及与人多接触的工作性质使我对新工作一见钟情。幸运地通过了初试和复试后，需要到北京进行最后一轮的竞争，我当时刚在一家法国公司站住脚，公司绝不可能给我这么长的假期，这就意味着想要竞争这个职位就要放弃现在待遇不错的工作，去竞争一个不一定能成功的职位，也许会赔了夫人又折兵。是安于现状选择现有能使生活有所保障的职业，还是铤而走险辞职到北京一搏？选择只在一念之间，最终，对兴趣的渴望胜过了一切。

不放弃爱好，守得云开见月明

近况：中央电视台的《绝对挑战》节目中，贵州小伙小欣将A公司的拓展培训师职位和一万元奖金全部收入囊中，经过考验的小欣终于找到了工作与兴趣的最佳结合点，而为了今天这个完美结局他付出了长期的努力。

【思考】

1. 小欣为什么从电子工程师转行到了拓展训练师？

2. 结合案例，说说兴趣与职业的关系。

3. 你认为应如何根据自己的实际选择合适职业？

_____

_____

_____

_____

_____

_____

_____

_____

 拓展阅读

提起杨某，很多人说她太幸运了。从著名节目主持人到制片人，从传媒界到商界，她一次次成功实现了人生的转型。杨某是幸运的，但这种幸运并非人人都有，也不是人人都能驾驭的。它需要睿智的眼光、独到的操控能力，是职业经历累积到一定程度厚积薄发而来的。就像杨某自己说的那样："一次幸运并不可能带给一个人一辈子好运，人生还需要你自己来规划。"

第一次转型：央视节目主持人

在成为央视节目主持人之前，杨某是北京外语学院的一名大学生，还是一个有些缺乏自信的女生，她甚至曾因为听力课听不懂而特别沮丧。她说："我经常觉得自己不是一个有才华和极端聪明的人。"可这一切并没有影响杨某后来的成功。勤勉努力的她，不仅大胆直率，看问题也通常有自己独特的视角。

1990 年 2 月，中央电视台《正大综艺》节目在全国范围内招聘主持人。杨某以其自然清新的风格、镇定大方的台风及出众的才气逐渐脱颖而出。但是，由于她长得不是太漂亮，在第六次试镜时还只是在"被考虑范围之列"。杨某知道后，反问导演："为什么非得只找一个女主持人，是不是一出场就是给男主持人作陪衬的？其实女性也可以很有头脑，所以如果能够有这个机会的话，我就希望做一个聪明的主持人。我不是很漂亮，但是我很有气质。"就是杨某的这些话彻底打动了导演。毕业后，杨某正式成为《正大综艺》的节目主持人。

4 年央视主持人的职业生涯，不仅开阔了杨某的眼界，更确立了她未来的发展方向：做一名真正的传媒人。

第二次转型：美国留学生

1994 年，当人们还在惊叹于杨某在主持方面的成就时，她又做出了一个令人惊讶的决定：辞去央视的工作，去美国留学。资助她留学的 Z 集团总裁谢某说了这样一句话："我觉得一个节目没有一个人重要。"这给杨某留下了很深的印象。26 岁的时候，杨某远赴美国哥伦比亚大学攻读国际传媒专业硕士学位。

有一次，杨某写论文写到半夜两点钟，好不容易敲完了，还没来得及存盘，电脑就死机了。杨某当时就哭了，觉得第二天肯定交不了了。宿舍周围很安静，除了自己的哭声，只有宿舍管道里的老鼠在爬来爬去的声音。但最后，她还是擦干眼泪，把论文完成了。谈起这段生活，杨某说："有些人遇到的苦难可能比别人多一点儿，但我遇到的困难并不比别人少，因为没有一件事是轻而易举的，需要经历的磨难委屈，一样儿也少不了。"

业余时间，她与上海东方电视台联合制作了一档关于美国政治、经济、社会和文化的专题节目，这是杨某第一次以独立的眼光看世界。她同时担当策划、制片、撰稿和主持的角色，实现了自己从最底层"垒砖头"的想法。该节目发行到国内 52 个省、市电视台，杨某借此实现了从一个娱乐节目主持人向复合型传媒人才的过渡。

第三次转型：凤凰卫视主持人

1997 年回国后，杨某开始寻找适合自己的机会。当时，凤凰卫视中文台刚刚成立，杨某便加盟其中。

凤凰卫视的两年工作生涯，在杨某的职业发展上起了重要作用。她拥有了世界级的知名度、多年的传媒工作经验以及重量级的名人关系资源。她不仅积累了各方面的经验和资本，也同时预留了未来的发展空间。

第四次转型：阳光卫视的当家人

1999 年 10 月，杨某辞去了凤凰卫视的工作。从凤凰卫视退出之后，杨某一度沉寂。2000 年 3 月，她突然之间收购了 L 集团，更名为 Y 文化网络电视控股有限公司，成功地借壳上市，准备打造一个 Y 文化的传媒帝国。但杨某创业不久，就遇到了全球经济不景气，由于市场竞争的压力，杨某将公司的成本差不多锐减了一半，并逐渐剥离了亏损严重的卫星电视与香港报纸出版业务。

2001 年，她的"Y 文化"接手了中国最大的门户网站之一新浪网，开创了网络和电视相结合的时代，又与四通合作成立"Y 四通"，开始进军网络和 IT 行业。终于，"Y 文化"在截止 2004 年 3 月 31 日的 2003 财政年度中取得了盈利，摆脱了近两年的亏损。之后，"Y 文化"正式更名为"Y 体育"，同时，杨某宣布辞去董事局主席的职务，全身心地投入到文化电视节目的制作中。

第五次转型：重回电视圈

2006 年底，杨某正式宣布放弃从商，重回文化圈。回归之后，她相继和东方卫视、凤凰卫视、湖南卫视合作，主持了《天下女人》等节目。从体制内到体制外，从主持人转变为独立电视制片人，从娱乐节目到高端访谈，再到探讨女性成长的大型脱口秀节目，杨某的这一次转型，又一次令人耳目一新。

2007 年 7 月，杨某不算完满的 5 年商业之旅划上了句号，她从商场抽身而退，重回她所熟悉和擅长的文化传播及社会公益事业。

【提示】

有人说，杨某是这个转型时代的一个符号，是一个"大智慧"的"小女人"，是职业女性的完美典范。杨某每次转换职业角色时都结合了自身的职场优势，分析了职业环境。在文化界，杨某获得的荣誉很多，但是商界显然不是她的强项，因此，她最终又重回文化界。杨某的故事让我们看到，职业发展必须首先要认识自己，认识自己的能力、兴趣及外界环境的作用。

【思考】

1. 读完杨某的故事，你有什么感想？分组讨论一下。

2. 结合杨某的故事，谈谈兴趣、性格、能力对职业生涯发展的意义。

3. 你了解自己所学专业的社会需要吗？你认为自己有哪些优势，又有哪些不足？你打算如何改变？

_____

_____

_____

_____

_____

_____

_____

_____

名人名言

●天才是由于对事业的热爱而发展起来的。简直可以说，天才——就其本质而论——只不过是对事业，对工作的热爱而已。

——高尔基

●把"德性"教给你们的孩子：使人幸福的是德性而非金钱。这是我的经验之谈。在患难中支持我的是道德，使我不曾自杀的，除了艺术以外也是道德。

——贝多芬

●一个聪明人所创造的的机会比他所发现的机会更多。

——培根

●没有哪个胜利者信仰机遇。

——尼采

●哪里没有兴趣，哪里就没有记忆。

——歌德

●好奇的目光常常可以看到比他所希望看到的东西更多。

——莱辛

【思考】

以上名人名言对你有何启发？你有用来激励自己的座右铭吗？分组讨论各自的理想，并探讨理想的作用。

_____

_____

_____

_____

_____

_____

_____

第三章 规划职业生涯

1. 职业生涯发展目标的构成

按照由远及近的顺序，可以将职业生涯发展目标分为长远目标、阶段目标和近期目标。

长远目标是指沿着职业理想指引的方向所确立的最远期的奋斗目标。

阶段目标是指根据个人具体情况所做出的实现长远目标的具体计划。

近期目标就是当前所面临的第一个目标。

2. 职业生涯规划发展目标的选择

在确定职业生涯发展目标时，应先预测、衡量、比较，再做出选择。

预测即"筛一筛"，是指设想各种方案并进行可能性评价，估计其可能产生的结果，也就是先看看这个目标有没有可能实现。

衡量即"量一量"，是指在预测结果的基础上，对设定的发展目标进行考量，确定最适合自己、最具可行性的目标方案。

比较即"比一比"，是指在衡量所得结果的基础上，对各种备选方案进行比较、排序，确定最优方案。

3. 职业生涯发展目标必须符合发展条件

职业生涯发展目标必须符合个人条件和社会条件。

职业生涯发展目标的选择是从了解自己开始的，只有对自己的能力、兴趣、个性、价值观等有了比较清晰的认识，才能够切实设定自己的职业生涯发展方向和目标；只有了解自己的优势与不足，才能使自己理性地面对纷繁复杂的职场，在规划职业生涯时走出盲目从众、眼高手低、无所适从的误区，真正做到人职匹配。

每个人都处在一定的社会环境之中，个人的生存、发展是个人适应社会、融入社会的过程。个人的职业生涯发展规划不能闭门造车，一定要符合社会条件；而规划的最终实现也要取决于特定的社会因素和社会条件。

4．阶段目标的特点

阶段目标具有以下四个特点：一是每个阶段目标都十分具体；二是每个目标都有实现的可能；三是目标要有一定高度；四是阶段目标之间具有关联性。

5．阶段目标的设计思路

阶段目标的设计思路有很多种，最常用的是"倒计时"的方式，设计思路如下：

（1）理清长远目标对从业者的要求。

（2）以差距为依据"搭台阶"。

（3）注明每个"台阶"对从业者的要求。

（4）理顺各"台阶"的衔接。

（5）设定达到目标的标准。

6．近期目标的重要性

在一系列阶段目标中，离我们最近的是近期目标，所有的阶段目标都要通过变为近期目标才能得以落实。近期目标既是我们为实现职业生涯目标而努力的起点，又是每个阶段目标的着陆点、启动点。中职生正处于职业生涯发展的关键时期，这既是确认发展方向的最佳时期，更是夯实职业生涯发展基础的有效时期。

7．近期目标的制定要领

（1）脚踏实地，不好高骛远。

（2）内涵充实，能激励斗志。

（3）指向明确，有年级特点。

8．为实现近期目标，制定改善措施的原则

面对近期目标，我们首先要做的是找到自身发展条件与近期目标之间的差距，然后为缩短这个差距制定具体、可行的措施，为了让改善措施更有指导性与可行性，需要把握如下原则：

（1）改善措施要有针对性。

（2）改善措施要合理可行。

（3）改善措施要具体、明确。

（4）改善措施要有一定的弹性或缓冲性。

9．制定发展措施的重要性

职业生涯发展目标确定后，尽快制定发展措施就成了关键环节。没有行之有效的措施，任何伟大的目标、任何远大的理想都是难以实现的。目标变成现实，需要为之付出实实在在的努力。如果没有行动，目标也只能停留在空想阶段。

10．措施制定三要素

职业生涯发展措施必须具备任务、标准和时间三个要素，即"做什么""做到什么程度""什么时候做"。

11．实现近期目标的途径

（1）瞄准目标，有效行动。

（2）脚踏实地，忍耐坚持。

（3）灵活机动，迂回前进。

（4）管理时间，有效利用。

实践与训练

（一）填空题

1. 按照由远及近的顺序，我们可以将职业生涯发展目标分为_____、_____和_____。

2. 在确定职业生涯发展目标时，应先_____、_____、_____，再做出选择。

3. 职业生涯发展目标必须符合_____和_____。

4. 阶段目标的特点：_____；_____；_____；_____。

5. 阶段目标的设计思路有很多种，最常用的是_____的方式。

6. 职业生涯发展措施必须具备_____、_____、_____三个要素。

（二）单项选择题

1. 下列不属于职业生涯发展目标的是（　　）。

   A. 长远目标　　　　　　　　　B. 中期目标

   C. 近期目标　　　　　　　　　D. 阶段目标

2. 有无（　　）常常作为我们判断职业生涯规划优劣的重要标志。

   A. 长远目标　　　　　　　　　B. 中期目标

   C. 近期目标　　　　　　　　　D. 阶段目标

3. 以下不属于阶段目标的特点的一项是（　　）。

   A. 每个阶段目标都十分具体

   B. 每个目标都有实现的可能性

   C. 目标有一定的高度和挑战性

   D. 前一个目标是后一个目标的努力方向

4．下列不属于制定改善措施应遵循的原则的一项是（　　　）。

    A．改善措施要有针对性

    B．改善措施要具体、明确

    C．改善措施不需要按照一定的顺序

    D．改善措施要有一定的弹性或缓冲性

5．下列不属于职业生涯发展措施必备的要素的是（　　　）。

    A．任务　　　　　　B．目标　　　　　C．时间　　　　　D．标准

（三）辨析题

1．职业生涯发展目标必须符合发展条件。

2．中职生职业生涯规划的近期目标要体现中职生的特点。

3．不是所有的职业生涯发展措施必须具备任务、标准和时间三个要素。

（四）简答题

1．简述职业生涯发展目标的构成。

2．如何对职业生涯规划发展目标做出选择？

3．职业生涯规划发展目标必须符合哪些条件？

4．简述阶段目标的特点。

5. 简述阶段目标"倒计时"方式的设计思路。

6. 中职生在制定近期目标时,应注意哪些要领?

7. 为实现近期目标,制定改善措施应遵循哪些原则?

8. 制定职业生涯发展措施的要素是什么?

9．如何实现近期目标？

（五）案例分析题

案例一

我的梦起航了

卷首语

我的梦起航了，那就是成为一名优秀的服装设计师。

有了梦不等于成功，成功的第一步是分析自己，了解自己的优劣态势，对症施治。成功的第二步是对职业的认知（就业环境分析），了解你将要从事的行业的前瞻性。成功的第三步是制定出具体的细化目标。饭要一口一口地吃，楼梯要一步一步地爬，高楼大厦是从地基建起来的。成功的第四步是针对细化目标制订出可行的方案，即你采取的具体可操作的措施。有了梦，铺好了路，你不去行走怎么能到达目的地？成功的最后一步是对你的梦进行验证和修订。没有一条路能一直走到底，关键是看我们的应变能力，面对具体情况作出有针对性的部署，这样你的梦才能真的变成理想。

成功的第一步——自我认知

客观认识自我，准确职业定位。职业生涯规划最基础的工作首先是要知己，即要客观全面地认清自我，充分了解自己的职业兴趣、能力结构、职业价值观、行为风格，自己的优势与劣势等，才能选定适合自己发展的职业生涯路线，才能准确地定位职业。具体有五点：

1．喜欢干什么？

喜欢干什么即职业兴趣。我喜欢画画。在我还不到两岁的时候，妈妈给我买回彩笔，墙上、窗帘上常会留下我的杰作。在大人的眼界里不可思议的画面，我常给解释得合情合理。

2. 能够干什么？

能够干什么即职业技能。我能够画出一些漂亮的时装画，能为玩具娃娃设计一些不同款式的服装，虽然现在还不能为自己量身定做，但是我想这一步不会很远的。

3. 最看重什么？

最看重什么即职业价值观。职业价值观是指人生目标和人生态度在职业选择方面的具体表现，也就是一个人对职业的认识和态度以及他对职业目标的追求和向往。我性格沉稳，做事组织严密，井井有条，并且对未来充满平常心态，一心一意发挥个性，利用工作提供的平台和机会，使自己的专业和能力得以全面运用和施展，实现自身价值。

4. 适合干什么？

适合干什么，其实就是个人特质。我生性有些胆怯，不善言谈，这是我选择设计与营销专业的不足之处，但我不乏进取心，勤奋好学、忠于职守，对领导安排的工作会全身心地投入，不打折扣地完成。坚持自我、努力奋斗、矢志不渝，针对我的个性特点，我决定向设计行业发展。

5. 优缺点是什么？

优点：做事积极认真，踏实肯干，学习努力；老师就是师傅，同学就是手足，敬重老师，友爱同学；干老实事，为老实人，原则性强。

缺点：不大擅长言谈，有时有些拘谨胆怯，由于原则性强，有时缺少变通。

成功的第二步——职业认知

每个人都处在一定的社会环境中，离开了这个环境，便无法生存与成长。只有对这些环境充分了解，才能做到在复杂的环境中趋利避害，使你的职业生涯规划具有实际意义。

我国是一个服装制造大国，也是服装出口大国，同时还是一个消费大国。但也存在着一些不足之处，我国的服装行业是用廉价的劳动力和庞大的市场培育国际品牌和养活国外设计师的。因为有廉价的劳动力吸引国际品牌的进驻，有大量趋利企业为了短期的利益趋之若鹜。再就是分布不均，大部分服装企业集中在东部发达地区，西部只有少量分布。

国内许多大规模的服装企业，实际上是典型的"加工型企业"，其生产能力相对较强，设计能力和营销能力相对较弱。由于设计能力不足，也限制了这类企业的市场发展。所以企业应该有强大的设计开发能力和市场营销能力。这就如同杠铃结构，中间是企业的生产和管理，两头是设计和营销。我学的是设计和营销，刚好能填补这个空档。

成功的第三步——确定目标

职业生涯规划的核心是制定自己的职业目标和选择职业发展路径。通过前面两个步骤，对自己的优势、劣势有了清晰的认识，对外部环境的发展趋势有了客观的了解，在此基础上制定出与实际符合的近期目标、中期目标和长远目标。

近期目标：2009—2016年

在中职学校和大学期间，考取服装缝纫工技能等级证书、服装设计定制工证书、计算机操作等级证书和服装CAD制版证书。

中期目标：2016—2019年

走进企业成为职场的一员，力争用3年时间成为企业的管理人才，具有组织、管理和协调能力。

长远目标：2019—2026年

从踏进职场开始，计划用10年时间实现我的终极目标，那就是成为一名优秀的服装设计师，并在原有基础上提升外语和计算机水平。因为大量的外企涌入中国市场，具有一定的外语水平是必需的。随着计算机的普及，熟练地运用计算机也是必需的。

进行服装设计是市场的需要。除此之外，还得具备一定的职业思想素质和其他与之相应的能力。

成功的第四步——可行的方案

第一阶段：建立期（2009—2012年）

这一阶段的任务是完成中职阶段的学习。具体如下：

1. 文化课是打基础的学科，只有学好文化知识，才能把专业知识学好，让自己的文化素质和专业技能都能达到一定的水平。

2. 多参加中职生技能大赛和中等职业学校"文明风采"大赛，力争在每次比赛中取得好的成绩。

3. 争当三好学生、特优生和优秀学生干部，争取期期有奖状抱回家、年年有证书拿到手。

4. 拿取服装专业的三个初级或中级等级证书。

5. 提高自己的社会交往应变能力，增强与人合作的能力。

第一阶段的措施：

1. 努力学习，勤于思考，专心听讲，认真做好笔记，以备课后查阅，不折不扣地完成老师布置的书面作业和技能实训任务。

2. 为了提高自己的文化素养，每周抽出一定的时间进图书馆，研读有益处的书籍。

3. 在暑假阶段，多到企业或缝纫店实习，积累更多、更好的实战经验。

第二阶段：充电期（2012—2016 年）

这一阶段的任务是完成大学阶段的学习。

1. 掌握一定的人文社科类知识，具备良好的职业道德行为规范。

2. 掌握服装设计的理论知识。服装设计如同其他创造性学科一样，在现代的环境中结合理论与实践，来创造个性化的独特产品。努力学习缝纫技术、立体裁剪、打板放码、服装结构与构成、设计原理，以及服装营销和相关课程，比如服装史、时装风格与流行趋势、纺织面料等。

3. 具有创业、敬业、乐业精神和社会责任感。

4. 对时尚潮流高度敏感，能够较好地把握流行趋势，具备时装搭配、色彩组合、设计组合、零售终端等一系列实际操作过程中必备的工作能力。

5. 掌握并运用计算机进行服装辅助设计的知识。

6. 掌握服装企业技术管理的知识。

第二阶段的措施：

1. 上课做到三认真。听讲认真，做笔记认真，实训认真。

2. 课余做到三多三少。进图书馆多，闲聊娱乐少；向老师讨教多，遇事埋怨少；与同学交流合作多，无事逛街少。

3. 节假日多进行服装市场的调研，了解人们对服装潮流的认识以及对服装款式的需求，捕捉到更多的信息。

4. 多参加体育锻炼，储备良好的身体素质，培养健康的心理素质，能够适应不同的工作和社会环境。

第三阶段：攀升期（2016—2026 年）

这一阶段的任务是成为一名优秀的服装设计师。

1. 进行服装产业信息捕捉的同时，收集和处理分析各类与服装行业有关的信息。

2. 兼容并蓄培养自己丰富的想象力。独创性和想象力是服装设计师的翅膀，设计的本质就是创造，它包含了创新、独特之意。自然界中的飞禽走兽、花草的一岁一枯荣，以及我们身边的装饰器物、丰富的民俗题材，比如音乐、舞蹈、诗歌、文学甚至现代的生活方式都可以给我们很好的启迪和设计灵感。

3. 锐意进取，革新不息，博采众长，树立品牌。

4. 英文阅读和翻译本专业外文资料。

第三阶段的措施：

1. 市场调研必不可少，掌握最前沿的第一手资料。

2. 有竞争才有进步，多向同行取经觅宝，并相互取长补短、共同进步才是最终的法则。树立起"与你竞争的人是你终身也是最好的伙伴，要感谢终生陪伴你的竞争对手，就好似我们身边的某些疾病一样，一旦找上了你，它将陪伴你毕生的理念"。

3. 博采众长，听取不同的意见和建议，俗话说，"众人拾柴火焰高。"

4. 加强外语的自修和计算机相应知识的学习。

5. 自主研发最时尚的品牌。

大学毕业后，按自己的规划进入服装行业，成为一名具有良好的身体素质和心理素质、能够适应不同的工作和生活环境、具备较好的社会交际和事务处理能力的服装生产和营销企业的一名员工，把自己学到的专业知识和文化知识充分应用到实践中去。在工作岗位上，除了兢兢业业保质保量完成自己分内的事以外，还要多向优秀的服装设计师学习，吸取他们在工作中的经验及应变的技能，来提升自身素质，缩短实现目标的时间。

成功的第五步——验证与修订

有了梦，谁不想一蹴而就，可事实总是蹉跎，好像有一只无形的大手在掌舵这一切，考验人们的意志是否坚定。坚持者注定成功，中途撤退的人注定与失败为伍，两者的最大区别不在于他们智商的高低，而在于前者善于变通。世界上没有一条笔直的路，也没有任何一个人走一条路能一直走到尽头。同理，没有哪一个人的理想可以只遵循一个方案而成功。环境在变、机遇在变、人在变，如果我们还抱残不放，就注定失败。所以，制定的目标不能在预期内达到就得变通，守株待兔的人终究只能空手而归。即使在预定的期限内目标得以实现，也要思考总结改进，过去的方案过去实用，对今天就不大灵便了，所以要辨证施治。

卷尾语

有了梦，对梦也进行了规划，但纸上谈兵终觉浅，与实战演练是无法比拟的。不管怎样，我总算迈出了人生的第一级台阶，懂得了有计划才不盲目，有了梦才可能有前进的第一步。梦不是坐在家里，像今天的我花上几个小时就能大功告成，而是要在社会这个大舞台上一边思索，一边演绎，一边完善，才能把梦做得圆圆满满。梦没有止境，只有一个一个小梦接着一个一个大梦，这样才叫梦圆了。

【思考】

1. 小李为自己制定的长远目标、阶段目标和近期目标分别是什么？

2. 对于自己职业目标的发展条件，小李做了哪些分析？

3. 小李为自己制定的发展措施是否具备了三个要素?

4. 分组讨论各自的职业目标,你是否已经规划好如何实现自己的目标?

_____

_____

_____

_____

_____

_____

_____

_____

案例二

想象 5 年后你在做什么

让我与你共同分享一段小故事,或许在这个阶段,可以很实际地让我们走出目前的困境。

1976 年的冬天,当时我 19 岁,在休斯敦太空总署的太空梭实验室里工作,同时也在总署旁边的休斯敦大学主修电脑。纵然忙于学校与工作之间,这几乎占了我一天 24 小时的全部时间,但是只要有多余的一分钟,我总是会把所有的精力放在我的音乐创作上。

我知道写歌词不是我的专长,所以在这段时间里,我处处寻找一位善写歌词的搭档,与我一起合作创作。我认识了一位朋友,她的名字叫小翰。自从 20 多年前离开德州后,就再也没有听过她的消息,但是她却在我事业起步时,给了我最大的鼓励。仅 19 岁的小翰在德州的诗词比赛中,不知道得过多少奖牌。她的作品总是让我爱不释手,当时我们的确合写了许多很好的作品,一直到今天,我仍然认为这些作品充满了特色与创意。

一个星期六,小翰又热情地邀请我至她家的牧场烤肉。她的家族是德州有名的石油大亨,拥有庞大的牧场。她的家庭虽然极为富有,但是她的穿着、开的车以及她谦诚待人的态度，更让我加倍地从心底佩服她。小翰知道我对音乐的执著。然而，面对那遥远的音乐界及整个美国陌生的唱片市场，我们一点门路都没有。此时，我们两个人坐在德州的乡下，不知道下一步该如何走。突然间，她问了我一句话："What are you doing in 5 years?（想象你五年后在做什么？）"

我愣了一下。

她转过身来，手指着我说："嘿！告诉我，你心目中'最希望'5年后的你在做什么，你那个时候的生活是一个什么样子？"我还来不及回答，她又抢着说："别急，你先仔细想想，完全想好，确定后再说出来。"我沉思了几分钟，开始告诉她："第一，5年后，我希望能有一张唱片在市场上，而这张唱片很受欢迎，可以得到许多人的肯定。第二，我住在一个有很多很多音乐的地方，能天天与一些世界级的乐师一起工作。"

小翰说："你确定了吗？"

我慢慢稳稳地回答，而且拉了一个很长的"Yes"！

小翰接着说："好，既然你确定了，我们就把这个目标倒算回来。如果第5年，你有一张唱片在市场上，那么你的第4年一定是要跟一家唱片公司签上合约。"

"那么你的第3年一定是要有一个完整的作品，可以拿给很多很多的唱片公司听，对不对？"

"那么你的第2年，一定是要有很棒的作品开始录音了。"

"那么你的第1年，就是一定要把你所有准备录音的作品全部编曲，排练就位准备好。"

"那么你的第6个月，就是要把那些没有完成的作品修饰好，然后让你自己可以逐一筛选。"

"那么你的第1个月就是要把目前的这几首曲子完工。"

"那么你的第1个礼拜就是要先列出一整个清单，排出哪些曲子需要修改，哪些需要完工。"

"好了，我们现在不就已经知道你下个星期一要做什么了吗？"小翰笑着说。

"哦，对了，你还说你5年后，要生活在一个有很多音乐的地方，然后与许多一流的乐师一起忙着工作，对吗？"她急忙地补充说，"如果你的第5年已经在与这些人一起工作，那么你的第4年按道理应该有你自己的一个工作室或录音室。你的第3年，可能是先跟这个圈子里的人在一起工作。你的第2年，应该不是住在德州，而是已经住在纽约或是洛杉矶了。"

次年（1977年），我辞掉了令许多人羡慕的太空总署的工作，离开了休斯敦，搬到洛杉矶。

说也奇怪，不敢说是恰好 5 年，但大约是 6 年。1983 年，我的唱片在亚洲开始畅销起来，我一天 24 小时几乎全都忙着与一些顶尖的音乐高手一起日出日落地工作。

每当我在最困惑的时候，我会静下来问我自己：5 年后，你"最希望"看到你自己在做什么？

如果，你自己都不知道这个答案的话，你又如何要求别人或上帝为你做选择或开路呢？别忘了！生命中，上帝已经把所有"选择"的权力交在我们的手上了。

如果，你经常在问"为什么会这样？""为什么会那样？"，你不妨试着问一下自己，你是否很"清清楚楚"地知道你自己要做什么？

如果连你自己要的是什么都不知道，那么爱你的主又如何帮你安排呢？不是吗？

而在你旁边的人，再怎么热心地为你敲锣打鼓，爱你的主也顶多给一些慈悲的安慰。因为连你自己都还没有清楚地告诉他，你要的是什么？那么你又岂能无辜地怪上帝没有为你开路呢？不是吗？

【思考】

1. 小翰如何帮助作者确立了他的职业目标？

2. 你认为作者为什么最终成功实现了自己的职业目标？

3. 分组讨论"想象 5 年后你在做什么"。

案例三

小幅的故事

背景：一个小伙子立志做一名优秀的商人。

他中学毕业后考入麻省理工学院，没有去读贸易专业，而是选择了工科中最普通、最基础的专业——机械专业。

大学毕业后，这位小伙子没有马上投入商海，而是考入芝加哥大学，攻读为期3年的经济学硕士学位。

出人意料的是，获得硕士学位后，他还是没有从事商业活动，而是考了公务员。

在政府部门工作了5年后，他辞职下海经商。又过了两年，他开办了自己的商贸公司。20年后，他的公司资产从最初的20万美元发展到2亿美元。

这位小伙子就是知名企业家小幅。

1994年10月，小幅率团来中国进行商业考察，在北京长城饭店接受《中国青年报》记者采访时，他谈到他的成功应感激他父亲的指导，他们共同制订了一个重要的职业生涯规划。最终这个生涯设计方案使他功成名就。

让我们来看一下他成功的简图：

工科学习→工学学士→经济学学习→经济学硕士→政府部门工作→锻炼处世能力，建立广泛的人际关系→大公司工作→熟悉商务环境→开公司→事业成功

第一阶段：工科学习

选择：中学时代，小幅就立志经商。他的父亲是K集团的一名高级职员，他发现儿子有商业天赋，机敏果断，敢于创新，但经历的磨难太少，没有经验，更缺乏必要的知识。于是，父子俩进行了一次长谈，并描绘出职业生涯的蓝图。因此升学时他没有像其他人一样直接去读贸易专业，而是选择了工科中最基础、最普通的机械制造专业。

评析：做商贸必须具备一定的专业知识。在商品贸易中，工业品占绝大多数，不了解产品的性能、生产制造情况，就很难保证在贸易中得到收益。工科学习不仅是对知识技能的培养，而且能帮助建立一套严谨求实的思维体系。清楚的推理分析能力、脚踏实地的工作态度，正是经商所需要的。

收获：小幅在麻省理工学院的4年，除了本专业，还广泛接触了其他课程，如化工、建筑、电子等，这些知识在他后来的商业活动中发挥了举足轻重的作用。

第二阶段：经济学学习

选择：大学毕业后，小幅没有立即进入商海而是考进芝加哥大学，开始了为期3年的经济学硕士课程。

评析：在市场经济下，一切经济活动都是通过商业活动来实现的，不了解经济规律，不学习经济学知识，就很难在商场立足。

收获：小幅掌握了经济学的基本知识，搞清了影响商业活动的众多因素，还认真学习了有关法律和微观经济活动的管理知识。几年下来，他对会计、财务管理也较为精通，在知识上已完全具备了经商的素质。

第三阶段：政府部门工作

选择：小幅拿到经济学硕士学位后考取了公务员，在政府部门工作了5年。

评析：经商必须有很强的人际交往能力，要想在商业上获得成功，必须深知处世规则，善于与人交往，建立诚信合作关系。这种开拓人际关系的能力只有在社会工作中才能得到提高。

收获：在环境的压迫下，小幅养成了强烈的自我保护意识，由稚嫩的热血青年成长为一名老成、处世不惊的公务员，并结识了各界人士，建立起一套关系网络，为后来的发展提供大量的信息和便利条件。

第四阶段：Y公司锻炼

选择：5年的政府工作结束之后，小幅完全具备了成功商人所需的各种素质，于是辞职下海，去了Y公司。

评价：通过各种学习获得足够的知识，但知识要通过实践的锻炼才能转化为技能。

收获：在国际著名的Y公司进行锻炼，小幅不仅为实践所学的理论找到了一个强大平台，而且学到了丰富的管理经验，完成了原始的资本积累。

第五阶段：自创公司

选择：大展拳脚两年后，他已熟练掌握了商情和商务技巧，便婉言谢绝了Y公司的高薪挽留，开办了F商贸公司，开始了梦寐以求的商人生涯，实现了多年前的计划。

点评：小幅的准备工作，几乎考虑到了每个细节。小福公司的成长速度出奇的快，20年后，小福公司的资产从最初的20万美元发展为2亿美元，而小幅本人也成为一个奇迹。

小幅的生涯设计脉络清晰、步骤合理，充分考虑了个人兴趣、个人素质，并着重职业技能的培养，这种生涯设计在他坚持不懈的努力下，终于变为现实。

【思考】

小幅的目标是什么？他是如何实现自己的目标的？

_____

_____

_____

_____

_____

_____

拓展阅读

张某，中国著名电影导演，2008 年北京奥运会开幕式总导演，中国"第五代导演"的代表人物之一，获得过美国波士顿大学、耶鲁大学荣誉博士学位。其拍摄的电影多次获得国际电影节大奖，是中国在国际影坛最具影响力的导演。其实，张某不止拍摄的电影好看，其迈向成功的职业发展历程很值得我们借鉴。

"前半生"——从农民到摄影师和演员

1968 年初中毕业后，张某在陕西乾县农村插队劳动，后在陕西咸阳国棉八厂当工人。1978 年入北京电影学院摄影系学习。1982 年毕业后任广西电影制片厂摄影师。1984 年作为摄影师拍摄了影片《黄土地》。1985 年获得第五届中国电影金鸡奖最佳摄影奖，随后又获得法国第七届南特三大洲国际电影节最佳摄影奖、第五届夏威夷国际电影节东方人柯达优秀制片技术奖。1987 年主演影片《老井》，同年获得第二届东京国际电影节最佳男演员奖。

"后半生"——从《红高粱》到奥运会开闭幕式总导演

1987 年，张某导演的一部《红高粱》，以浓烈的色彩、豪放的风格，颂扬中华民族激扬昂奋的民族精神，融叙事与抒情、写实与写意于一炉，发挥了电影语言的独特魅力，于 1988 年获得第八届中国电影金鸡奖最佳故事片奖、第十一届电影百花奖最佳故事片奖、第三十八届西柏林国际电影节最佳故事片金熊奖、第五届津巴布韦国际电影节最佳影片奖、最佳导演奖。正是这部电影，让张某成功地实现了从演员到导演的转型，并以一个成功导演的角色进入公众视野，奠定了张某成功导演的地位。

从此，张某便一发不可收拾，在经过一段艺术片的成功后，他又转向了商业大片，《英雄》《十面埋伏》《满城尽带黄金甲》等一部部商业大片的红火为他带来了巨大的声誉，并最终带他走到了中国电影旗帜的位置。

2008 年北京奥运会，张某又以其独特的大手笔，面向全世界展示了一部绝对中国的完美"大片"，也使得张某站上了生涯的巅峰。

插队劳动的农民——工人——学生——摄影师——演员——导演，一次次巨大的职业跳跃和转型才最终造就了一个成功的导演。让我们共同来探析张某导演的职业规划过程。

职业准备期

特殊的历史环境，使得年轻时的张某未能上高中就插队当了农民和当工人，很多人像他一样没有选择，但能像他一样坚持自己梦想的却不多。终于，在 1978 年。张某以27 岁的高龄去学习自己钟爱的摄影，为自己未来的转型进行积累。

重新进入课堂学习后，张某老老实实的做起了摄影，虽然他的志向是导演，但他显然十分清楚自己要做什么。这个时候的他仍在学习，不是在课堂上，而是在实践中学习。当时，他拍摄的很多片子都是与当时已经很有名气的陈某合作的，陈某也可以算他半个师傅。他做摄影获奖的那部《黄土地》就是陈某导演的。

职业转型期

在《黄土地》获奖后，张某有两个选择：继续作为一个已经很成功的摄影师或者转型开始做导演。然而，意料之外，他却做了另外的选择做一名演员！并且也获得了一定的成功。不过也可以说，这实在是最明智的选择。要做导演，特别是要想成为有建树的导演的话，当然最好能亲身体验过做演员的感受，才能在拍片的时候和演员们够契合。

职业发展期

《红高粱》成功以后，张某拍了一段时间的文艺片，在全国大众都熟悉了他的名字后，张某敏锐地捕捉到了商业片的市场价值，并与中国电影市场的需求相契合，他开始转向了商业大片，开始了自己的大片之旅，并一直延续到现在。尤其是借助 2008 年北京奥运会开幕式的无形宣传，使得张某蜚声海内外，风头无人能及。

【思考】

读完张某的故事，你有什么启示？你是否已经为自己拟定好了目标和相应的措施？

_____

_____

_____

_____

_____

_____

_____

名人名言

●要有生活目标，一辈子的目标，一段时期的目标，一个阶段的目标，一年的目标，一个月的目标，一个星期的目标，一天的目标，一个小时的目标，一分钟的目标。

——列夫·托尔斯泰

●我们命定的目标和道路，不是享乐，也不是受苦；而是行动，在每个明天，都要比今天前进一步。

——朗费罗

●每走一步都走向一个终于要达到的目标，这并不够，应该每下就是一个目标，每一步都自有价值。

——歌德

●要达成伟大的成就，最重要的秘诀在于确定你的目标，然后开始干，采取行动，朝着目标前进。

——博恩·崔西

【思考】

读完上述名言，你有什么感想？与老师和同学交流一下。

_____

第四章 实施职业生涯

知识链接

1. 定期检查职业规划的内容

（1）检查职业理想是否有偏离。

（2）检查自我认识是否有变化。

（3）检查自己所处的环境是否有变化。

（4）检查职业目标定位是否合理。

（5）检查措施是否已落实。

2. 对职业生涯规划进行定期检查的方法

（1）对计划的执行情况进行检查，确定哪些目标已按计划完成，哪些目标未完成。

（2）对未完成的目标进行分析，找出未完成的原因及发展障碍，制订相应的消除障碍的对策及方法。

（3）依据评估结果对下一年的计划进行修订与完善。

3. 珍惜在校学习机会

（1）努力学习文化知识和专业技能。

（2）全面提高职业素质和综合职业能力。

（3）积极参加各种职业技能竞赛。

（4）积极参加社会实践，以及各种与专业相关的职业活动。

4．调整职业生涯规划的必要性

（1）应对外部条件变化的需要。

（2）适应自身素质变化的需要。

5．职业生涯规划调整的时机

（1）毕业前夕。

（2）工作后三至五年。

6．调整职业生涯规划的方法

（1）重新评估自身条件。

（2）重新评估职业生涯机会。

（3）修正职业生涯规划。

（4）落实修正后的职业生涯规划。

7．八种不同的职业生涯成功标准

（1）技术/职能型：追求技术与职业能力，认为掌握了技术、提高了能力就是成功。

（2）管理型：追求权势和地位，认为有了权势和地位就是成功。

（3）自主/独立型：追求独立自主，喜欢享受自由自在和随心所欲，认为只要达到了这个境界就是职业生涯的成功。

（4）安全/稳定型：追求安全和稳定，凡是对工资与人身有危险和风险的职业，一律不涉及。

（5）创业型：追求创业，认为有自己的企业或公司才是成功。

（6）服务型：把助人为乐、为别人提供方便和帮助作为自己最大的快乐和成功。

（7）挑战型：追求挑战，认为战胜了别人、战胜了对手、战胜了别人不能战胜的困难就是成功。

（8）生活型：看重家庭生活，认为工作仅仅是生活的需要和点缀。

8．评价职业生涯发展的要素

（1）职业生涯发展是否符合社会发展趋势，满足社会要求。

（2）职业价值取向是否正确，也就是我们常说的"干什么最值得"。

（3）个人专业技能是否与职业相结合。

（4）是否挖掘了个人的职业优势。

9．评价职业生涯规划的目的

评价职业生涯规划的目的在于进一步发挥职业生涯规划对自我发展的激励作用，为自己能有一个良好的开端和高质量的职业生涯规划服务。

10．评价职业生涯规划的依据

第一，要有现实性。主要体现为长远目标和近期目标是否适合自己，制定的措施能否落实，能否让自己不断地品尝成功的喜悦。职业生涯规划必须具有可操作性，且有实现的可能。

第二，要有激励性。主要体现为阶段目标和发展措施能否不断地激励自己奋力拼搏、奋发向上，能否督促自己珍惜时间、养成良好的习惯，能否不断地增强自己实现发展目标的自信心。

11．评价职业生涯规划的方法

（1）按职业生涯规划的设计过程，即按发展条件、发展目标、发展台阶、发展措施四个环节的顺序，审视各环节的现实性和激励性。

（2）重点检查自己的近期目标与发展条件的匹配程度，以及近期目标的成功概率和实现近期目标措施的可行性，即检查与职业生涯发展的职业准备期、职业选择期、职业适应期有关的目标、措施的现实性和激励性。

12．评价职业生涯规划的形式

评价职业生涯规划主要有自我评价、集体评价和教师评价三种形式。自我评价是评价职业生涯规划的基础，集体评价是完善职业生涯规划的重要保证，教师评价是再次修订职业生涯规划的导向。

实践与训练

（一）填空题

1. 对职业生涯规划检查的内容包括：检查_____是否有偏离，检查_____是否有变化，检查自己所处的环境是否有变化，检查_____是否合理，检查_____是否已落实。

2. 对于走入社会与职场的中职毕业生而言，调整职业生涯规划有两个最佳时机，一是_____，二是_____。

3. 调整职业生涯规划要讲究方法，要在重新评估_____和_____的基础上修正职业生涯规划。

4. 职业生涯成功的标准可分为八种类型：技术/职能型、_____、自主/独立型、安全/稳定型、_____、_____、_____、生活型。

5. 中职生在评价自己的职业生涯规划时，要始终围绕规划能否促进职业生涯的可持续发展来进行，在具体操作时，应从_____和_____两个方面来把握。

6. 评价职业生涯规划主要有_____、_____和_____三种形式。

（二）单项选择题

1. 对于走入社会与职场的中职毕业生而言，调整职业生涯规划的最佳时机是（　　）。

　　A．在校期间　　　　　　　　B．毕业前夕及工作后三至五年

　　C．工作一年内　　　　　　　D．工作五年后

2. 以下不属于中职生进行职业生涯规划调整的原因的是（　　）。

　　A．在制定职业生涯规划时，对实际情况不够了解

　　B．环境和本人都发生了较大的变化

C. 初入社会，信心满满，好高骛远

D. 对职业生涯发展有了新的追求

3. 以下关于职业生涯成功标准的说法，错误的是（　　）。

A. 管理型：追求权势和地位，认为有了权势和地位就是成功

B. 创业型：追求创业，认为有了自己的企业或公司才是成功

C. 挑战型：追求挑战，认为战胜了别人、战胜了对手、战胜了别人不能战胜的困难就是成功

D. 生活型：看重家庭生活，认为生活是工作的需要和点缀

4. 下列不属于职业生涯规划的评价形式的是（　　）。

A. 社会评价 　　　　　　　　B. 集体评价

C. 教师评价 　　　　　　　　D. 自我评价

（三）辨析题

1. 中职生的职业生涯与在校期间的学习生活关系不大。

2. 制订完职业生涯规划，就必须要一直朝着这个目标发展。

3．中职生调整职业生涯规划有两个最佳时期，一是毕业前夕，二是工作5年后。

4．中职生要在重新评估自身条件和职业生涯机会的基础上修正职业生涯规划。

5．评价职业生涯规划主要有自我评价和集体评价两种。

（四）简答题

1．对职业生涯规划的定期检查，包括哪些方面的内容？

2．中职生怎样对职业生涯规划进行定期检查？

3．简述调整职业生涯规划的必要性。

4．对中职生而言，调整职业生涯规划的最佳时机是什么时候？

5．调整职业生涯规划可采用什么样的方法？

6．简述八种不同的职业生涯成功标准。

7．评价职业生涯发展有哪些方面的要素？

8．简述评价职业生涯规划的目的和依据。

9．评价职业生涯规划的方法是什么？

10．评价职业生涯规划的形式有几种？

（五）案例分析题

案例一

她为什么频频跳槽

　　吴小姐工作约两个年头，先后跳槽五次之多，行业涉及房地产、化妆品、教育咨询、传媒，所从事的具体工作也有服务、营销、策划、编辑、记者五项之多。

　　吴小姐所学的专业为国际贸易，但她却比较倾向于中文，她的写作能力和口头表达能力均非常优秀。在校期间，她一直担任教授助理，并且独自寻找了一个加盟项目，在家乡担任整个城市的代理商，前期运作比较成功。因为这些经历，吴小姐在毕业时对自己的期望较高，不甘心在大公司从底层做起，而是想进入一家规模不大但是有发展前途的公司，可以一开始就受重视，以最快的速度成长，然后再自己创业。以下是吴小姐的工作简历：

　　2001年9月—2002年1月，某知名房地产公司，任物业主任，主要工作职责就是处理投诉之类的事宜。工作非常的清闲稳定，福利待遇也比较让人满意。但是吴小姐认为该工作没有挑战性，并且发展空间很小。

　　2002年1月—2002年6月，某合资化妆品公司，任品牌经理。该公司老板在招聘时对吴小姐极为器重，吴小姐认为自己进入该公司后可以大施拳脚。开始时，吴小姐信心百倍，编写了整套的企业文书、招商方案、对外合同，还参与客户谈判等。但她渐渐发现，老板的经商风格非常保守、吝啬，谈判往往因为极小的折扣或非常少的利益分配而被耽搁下来，甚至不欢而散。并且该公司所有的产品都是在作坊式的小型加工厂里贴牌生产，产品质量得不到保障。本来是想与公司一起成长的吴小姐觉得前途渺茫，不顾老板的挽留，毅然辞职。

　　2002年6月—2002年9月，某台资教育机构，主要销售知名英语教材。该公司有点类似于保险公司，非常注重对员工的培训，甚至用独特的企业文化实现对员工思想的控制。有点理想主义的吴小姐正是被该公司表面上热情奋进的氛围所吸引，接受了这份没有底薪，只有提成的工作。可以说，吴小姐在这家公司的工作非常出色，身为新人的她第一周的业绩就高居榜首，深受上司的器重和同事的欢迎。但工作一段时间以后，高负荷的运作让她的身体严重透支，难以继续支撑下去，并从上司对其他业绩较差员工的冷酷态度上对公司的企业文化产生了质疑，最终在上司和同事的一片惋惜声中离开了该公司。

2002 年 9 月—2003 年 3 月，某咨询策划公司，任销售公关经理、编辑。在该公司工作期间，吴小姐编写了四本营销方面的书籍，策划了一些与报社等其他媒体的合作项目，招聘并培训了多名业务员。以往的工作波折、轻率的跳槽经历造成的"后遗症"在此时慢慢表现出来，吴小姐发觉自己变得越来越害怕与客户进行沟通，在公司内部召开业务会议时，她可以很轻松地指导业务员解决工作中遇到的难题，自己却不愿意或者说恐惧与客户交流，有时候她逼着自己去面对客户，事实上也发挥得很好。这种恐惧感，或者说是交流的障碍，让吴小姐非常困扰，却又难以克服。她向老板提出不想再从事营销工作，但有重要项目的时候，老板还是会委派吴小姐。由于无法调整好自己的心态，吴小姐又一次选择了辞职。

2003 年 3 月开始，吴小姐在一家杂志社担任记者。和先前的辗转奔波和业绩压力相比，这里的环境轻松了很多，也让吴小姐从紧张的心理状态中解放了出来。但这份工作真的能让吴小姐找到一种归属感吗？

回想两年左右的从业经历，常让吴小姐觉得有很多的困惑和迷茫，比起刚毕业的时候，她现在甚至更找不到自己的发展方向。从一开始全心希望去做一份有挑战性的工作，对营销有着满腔的热情和向往，到后来对营销的恐惧、抗拒、厌恶，吴小姐到现在都解释不了自己的心理变化，也不知道该如何去调整。吴小姐的性格具有两面性，在一个活跃的集体里她会非常活跃，在一个安静的集体里她会比别人更沉闷；在上司及同事的器重、鼓励下，她会工作得非常出色，但如果她觉得自己不受重视，她可能会很快就意志消沉，直至选择逃避。她本不喜欢过于安逸的工作，为了挑战自己、提升自己，她换了一份又一份的工作，却感觉自己好像还在原地，目前的状况让她失去了方向，不知道该何去何从。

南方人才市场测评中心的专家对吴小姐进行了"NEW16PF 人格测评"，并和她进行了深入的交谈，不难发现吴小姐频频跳槽的经历与她本人的性格特点有很大的关系。

吴小姐的想象力极强，使她具有很浓的"完美主义"倾向，这让她可能在就业选择时过高估计自己，对工作盲目乐观。而一旦实际的工作情况不如她想象得那么顺利，她就会很快失望，并且很难继续适应下去，而是把希望寄托在下一份工作上。同时，吴小姐具有较强的敏感性，导致她的情绪易受外界环境因素和他人的影响，可能上司或者同事给她某项建议，只是针对工作而言，却会被她看成是否定她的一种信号，以至产生抑郁、烦恼，想要逃避。

另一方面，吴小姐的规范性很差，不喜欢被一些循规蹈矩的行为准则所束缚，这在中国目前的企业环境中难以适应，也是她频繁跳槽的一个重要原因。

从测评结果分析，吴小姐的基本特质是综合素质比较强，心理素质良好，性格外向，比较活泼，善于与人交往，有较强的人际活动能力；自信、主动，有自己的想法，并希望去实现，但目标不太清晰，想法较多，因而可能耐心不足；喜好灵活、变化，情绪较易受环境的影响。

专家建议吴小姐可以从事培训讲师、营销策划、记者、人力资源等方面的工作，也可以选择自行创业，避免一些比较细致、琐碎、事务性强的工作，同时进一步明确个人目标和发展机会，以便在各种选择中做出更明智的决策。

针对像吴小姐这样的频繁跳槽者来说，专家认为：在职业生涯的前期，变动频繁问题不是很大。但是每次变动都应该给跳槽者带来不同的经验，跳槽者都应该学习到一定的东西，也就是说，回头来看，在那些看似杂乱的变动中，应该有一条清晰的轨迹。在做变动时，不要轻率下决定，要经过全面的考虑。建议为自己设计一个职业规划，设定每阶段的目标，这样在换工作时应该会少一些盲目。

【思考】

1. 吴小姐为什么会在两年内频频跳槽？

2. 读完吴小姐的工作经历，你有什么想法？

3. 对专家提出的关于职业生涯的建议，你有何感想？

案例二

审时度势，调整目标，一样能走向成功

学计算机应用专业的小夏，出生在农村，毕业后在一家电脑公司做销售。他计划先积累一些销售经验，完成原始积累后开一家电脑专卖店。没想到，他所在的公司因经营不善，发展陷入困境，导致他的收入锐减。

小夏在学校时养成了从网上关注经济信息的习惯，他发现本地葡萄苗木紧俏，卖一捆葡萄苗比卖一台电脑赚的钱还多。他通过网络"恶补"繁育葡萄苗木的知识，还专程到苗木繁育基地考察，最后他决定辞职返乡，承包一片荒山搞葡萄苗木种植。

小夏在实践中发现，种植葡萄苗木虽然收益很好，但市场容易饱和。这时，善于不断学习、思考的好习惯再次帮了小夏。他发现城市对绿化树种的需求很大，而邻县有一大片盐碱地，还在网上发布了招标改造的消息。有一定苗木种植经验的小夏，请专家论证盐碱地种植如杨树之类的绿化树的可行性，他还到林场求教、在网上求助。

心中有底之后，他与人合伙承包了这片盐碱地，施酸性肥料，栽种杨树苗，不但改良了土壤，速生的杨树长得也很好。这时，恰好国家出台了退耕还林政策，小夏还为此得到了不少政府补贴。

【思考】

1. 小夏是如何来调整自己的职业生涯规划的？

2. 职业生涯发展是一个动态的过程，需要不断地修正职业生涯目标，改进职业生涯策略，在对自己的职业生涯规划进行检查时应从哪些方面入手？

3. 通过小夏的事例，你有什么启发？你打算如何管理自己的职业生涯规划？

_____

_____

_____

_____

_____

_____

案例三

他为何能够成功

小航来自浙江农村，生于 1980 年，小学和初中时成绩一直在班级的中游浮动，初三时，调皮的小航因犯了错误被老师狠狠批评，老师对他说："像你这样的人，不要来上学好了，读书有什么用。"小航的自尊心受到严重打击，想和村里其他人一起去上海做生意，不读书了。

此后，他便和同村人一起来到上海，因为年龄小，没什么文化，只能从事一些最简单、低级，并且非常脏累的活，生活每天如此，看不到生活的一丝希望，一天下来累得连饭也不想吃，倒头就睡着了。这样的生活让小航觉得干活就是为了挣钱买点吃的，生存下去。很多同伴到适婚年龄时回家讨个老婆，一辈子就这样过去一半了。小航不想这样下去，不希望一辈子都没有追求，还是希望回到学校读书，但是他又不希望回到像初中那样给自己耻辱的环境中，两年就这样过去了，经过再三考虑，他决定通过自学考试完成自己的大学梦。

由于没有读过高中，底子薄，他以常人所不能比的毅力，花费了大量的时间去自学高中的课程。他用了整整 6 年的时间，终于通过了 30 余门课程的考试，拿到了某高校信息管理专业的本科文凭，并且通过了英语六级和计算机四级考试。为了让自己的计算机能力更符合企业的需要，他报考了某教育机构的计算机培训班，在班级 20 多个学员中，小航的成绩最为优异，出色的表现得到了培训老师的赏识，并将他推荐到一家从事信息管理系统开发的公司应聘。面试是集体面试，一共有 10 多个应聘者，其中不乏名牌高校计算机专业的毕业生，但他能对很多专业的问题对答如流，项目测试时又能很快完成任务，出色的表现让公司老板刮目相看并录用了他。

现在小航已经在这家公司工作两年多了，由于公司接了很多日企的项目，在进行项目洽谈时需要日语交流，小航又开始学习日语，虽然平时工作很忙、很累，但是每天晚上回到住处，他都要学习日语，并且每周去两次日语培训班学习。同时，小航还报考了注册会计师，因为在进行企业的管理信息系统开发（ERP）时，他发现企业管理系统中最核心的部分就是财务系统，只有掌握很专业的财务知识才能更好地理解客户方的需求，从而更好地做好客户方的管理信息系统的设计和开发。由于技术能力过硬，业务素质强，小航被送往日本培训半年。

说到这几年的打算，小航说等自己的注册会计师资格证书拿到后，决定跳槽到德勤

（全球四大会计事务所之一）从事企业管理咨询和 ERP 顾问等方面的工作，把项目做得更大一些，实现从技术人员到技术顾问的转变。

【思考】

小航是如何取得今天的成功的？读了小航的故事，你有何感想？

_____

_____

_____

_____

_____

_____

_____

拓展阅读

性格沉稳的小诚，实际上是个不安分的人。他去五金厂做推销员，但打开局面后就跳槽去了塑胶公司。他很快成为公司出类拔萃的推销员，20 岁升为总经理，深得老板器重。然而，在他春风得意时，突然又要跳槽！

1946 年上半年，香港经济日益繁荣，小诚站在维多利亚港湾边，眺望尖沙咀五彩缤纷的灯光，陷入了沉思——今后的路该怎样走？一条路，在舅父荫庇下谋求发展，N 公司已成为香港钟表业的巨擘，收入稳定，生活安逸；另一条路要艰辛得多，充满风险，须再一次到社会上闯荡。

小诚选择了后者，他喜欢做充满挑战的事。

于是，他去了五金厂做推销员。自从小诚加盟五金厂，五金厂的业务蒸蒸日上，以销促产，产销均步入佳境。老板喜不自禁，在员工面前称小诚是第一功臣。然而，备受老板器重的小诚，刚刚打开局面，就要跳槽弃他而去。老板心急火燎，提出给小诚晋升加薪，他仍不回心转意。

小诚去了塑胶裤带制造公司。在现代人的眼里，这是一间小小的山寨式工厂，位于偏离市区的西环坚尼地城爹士街，临靠香港外港海域。

小诚此举，一是受新兴产业的诱惑；二是塑胶公司老板的"怂恿"。小诚在推销五金制品时，就敏感地察觉到塑胶制品的巨大威胁。

小诚清晰地意识到，要不了多久，塑胶制品将会成为价廉的大众消费品。

塑胶裤带公司的老板自己也常常出马推销。他到酒店推销塑胶桶时，与推销白铁桶的小诚不期而遇。小诚成了老板的手下败将，但是他的推销才能却深得老板赏识。老板对小诚说："晚走不如早走，你总不会一辈子埋在小小的五金厂吧？看这形势，五金难有大前途。"

这正是小诚所不愿的。他离开舅父的公司出来找工作，只是作为人生的磨炼，而不是作为终身的追求。

小诚最终跳出了五金厂。

辞职时，小诚向老板进言：审时度势，要么转行做前景看好的行业；要么就调整产品门类，尽量避免与塑胶制品冲突，塑胶虽用途广泛，仍不可能替代一切金属制品。

一年后，这家五金厂转为生产系列锁，一度奄奄一息的五金厂，焕发出勃勃生机。这既是形势所然，又是小诚的开导。老板遇到小诚，欣喜地说："小诚，你在我厂的时候，我就看出你是个不寻常的年轻仔，你将来准会干出大事业！"

塑胶裤带公司有7名推销员，数小诚最年轻，资历最浅。另几位是历次招聘中的佼佼者，经验丰富，已有固定的客户。小诚心高气傲，他不想输于他人，他给自己定下目标：3个月内，干得和别的推销员一样出色；半年后，超过他们。小诚自己给自己施加压力，有了压力，才会奋发搏命。

坚尼地城在港岛的西北角，而客户多在港岛中区和隔海的九龙半岛。小诚每天都要背一个装有样品的大包出发，乘巴士或坐渡轮，然后马不停蹄地走街串巷。小诚说："别人做8个小时，我就做16个小时，开始别无他法，只能以勤补拙。"

仅一年工夫，小诚实现了他的预定目标。老板拿出财务的统计结果，连小诚都大吃一惊——他的销售额是第二名的7倍！18岁的小诚被提拔为部门经理，统管产品销售。两年后，他又晋升为总经理，全盘负责日常事务。小诚才20岁出头，就爬到打工族的最高位置，做出令人羡慕的业绩。

小诚应该心满意足。然而，在他的人生字典中没有"满足"二字。他再一次跳槽，重新投入社会，开始新的人生搏击。

老板约小诚到酒楼，设宴为他饯行。席间，小诚说了一句老实话："我离开你的塑胶公司，是打算自己也办一间塑胶厂。我难免会使用在你手下学到的技术，也大概会开发一些同样的产品。现在塑胶厂遍地开花，我不这样做，别人也会这样做。不过我绝不会把客户带走，用你的销售网推销我的产品，我会另外开辟销售线路。"

小诚怀着愧疚之情离开塑胶裤带公司。他不得不走这一步。这是他人生中一次重大转折，从此迈上充满艰辛与希望的创业之路。

【思考】

小诚在工作上是一个"不安分"的人，是什么原因让他频频跳槽？通过小诚的故事，你怎样看待调整职业生涯规划的重要性？分组讨论一下，应该如何科学地评价职业生涯发展，如何科学地管理、调整职业生涯规划？

_____

_____

_____

_____

_____

_____

_____

_____

_____

名人名言

● 人生的价值，即以其人对于当代所做的工作为尺度。

——徐玮

● 工作就是人生的价值，人生的欢乐，也是幸福所在。

——罗丹

● 人生最终的价值在于觉醒和思考的能力，而不只在于生存。

——亚里士多德

● 人生的价值，并不是用时间，而是用深度去衡量的。

——列夫·托尔斯泰

●人的价值是由自己决定的。

——让·雅克·卢梭

●路是脚踏出来的，历史是人写出来的。人的每一步行动都在书写自己的历史。

——吉鸿昌

【思考】

谈一谈人生价值与职业生涯的关系。

_____

_____

_____

_____

_____

_____

_____

_____

第五章　做好就业准备

知识链接

1．认清就业形势

（1）社会就业形势严峻。

（2）技能型人才抢手。

（3）各地区就业形势差异大。

2．树立正确的择业观

（1）立足个人实际：① 老师、家长和朋友的建议；② 学校就业指导机构的帮助；③ 进行自我测试。

（2）立足社会需求。

（3）立足长远发展。

3．做好由"学校人"到"职业人"的角色转换

角色转换要通过两步来完成：第一步，在学生时代就做好转换的心理准备，了解两种角色的区别，在日常学习和生活中加强针对性训练，在实习期间有意识地强化训练；第二步，就业后结合岗位特点，在从业实践中锻炼自己的能力，顺利地完成角色转换。

4．角色转换的重点

（1）个性导向向团队导向的转换。

（2）成长导向向责任导向的转换。

（3）思维导向向行为导向的换换。

（4）智力导向向品德导向的转换。

5．中职生提高社会能力的基本途径

（1）在学习中训练提高。

（2）在日常生活中训练提高。

（3）在社会实践中训练提高。

6．求职的基本方法

（1）搜集和整理职业信息。

（2）了解求职途径：求职途径因人而异，可通过学校推荐、实习就业、参加招聘会、网络求职、利用社会关系等途径进行求职。

（3）制作求职材料：求职材料包括求职信、个人简历等。

（4）掌握笔试技巧。

（5）掌握面试技巧。

7．撰写求职信的禁忌

一般来说，撰写求职信有六大禁忌，中职生在书写时一定要注意避免。

（1）忌长篇大论。

（2）忌堆砌辞藻。

（3）忌夸大其词。

（4）忌缺乏自信。

（5）忌千篇一律。

（6）忌粗心大意。

8．撰写个人简历的原则

中职生在撰写个人简历时应遵循以下基本原则：简短、清晰、准确、真实。

9．面试时应注意的问题

（1）面试前要想到各种细节，准备充分，给面试官留下良好的第一印象。

（2）注意礼仪，展现个人风采。

（3）自信自强，语言把握有度，沉着、不怯场。

（4）实事求是，不要弄虚作假。

 实践与训练

（一）填空题

1．中职生应树立正确的_____，这样才能顺应经济社会的发展，实现自己的职业理想。

2．择业观是指人们对职业的基本看法。中职生应当树立正确的择业观，主要从_____、_____、_____三个方面入手。

3．在告别学校、走向社会之后，中职生将面临人生的一次飞跃，就是结束学生时代，开始职业生涯，从_____转化为_____。

4．我们可以从_____、_____、_____三个方面对"学校人"和"职业人"加以比较。

5．角色转换过程中，要注意个性导向向_____的转换，成长导向向_____的转换，思维导向向_____的转换，智力导向向_____的转换。

6．"学校人"的学习活动以_____为主，主要特点是____。"职业人"的职业活动以_____为主，主要特点是____。

7．中职生提高社会能力的基本途径包括在_____训练提高，在_____训练提高，在_____训练提高。

8．中职生可通过_____、_____、_____、_____、_____等途径进行求职。

9．一般来说，求职材料包括_____、_____等。

10. 一般来说，撰写求职信有六大禁忌，中职生书写时一定要注意忌长篇大论、忌_____、忌_____、忌_____、忌_____、忌粗心大意。

11. 中职生在撰写个人简历时应遵循____、____、____、____的基本原则。

（二）单项选择题

1. 以下不属于现在社会的就业形势的是（　　）。

　　A. 社会就业形势严重　　　　B. 技能型人才抢手

　　C. 应届生就业率高　　　　　D. 各地区就业形势差异大

2. 以下不属于正确的择业观的是（　　）。

　　A. 立足个人实际　　　　　　B. 立足眼前利益

　　C. 立足长远发展　　　　　　D. 立足社会需求

3. 下列不属于中职生由"学校人"向"职业人"角色转换过程中应注意的重点的是（　　）。

　　A. 个性导向向团队导向的转换

　　B. 成长导向向责任导向的转换

　　C. 思维导向向行为导向的转换

　　D. 理论导向向实践导向的转变

4. 中职生撰写个人简历时应遵循的基本原则不包括（　　）。

　　A. 详尽　　　　B. 清晰　　　　C. 准确　　　　D. 真实

（三）辨析题

1. 中职生在择业时，只需立足个人实际。

2．中职生要做好由"学校人"到"职业人"的角色转换。

3．中职生在求职过程中，个人能力和风采是最重要的，求职信及面试无需做太多准备。

（四）简答题

1．简述当今的就业形势。

2．中职生树立正确的择业观，应从哪几个方面入手？

3．中职生在角色转换过程中，有哪些要注意的重点？

4．简述中职生提高社会能力的基本途径。

5．求职的基本方法有哪些？

6．说一说几种求职的途径。

7．书写求职信的禁忌有哪些？

8．简述撰写个人简历的基本原则。

9．面试时应注意哪些方面？

（五）案例分析题

案例一

小李的选择

小李是金融专业的优秀毕业生，她在学校学习期间每年均获得一、二等奖学金，毕业时小李德智体综合评估在年级名列三甲。小李的父母都是工人，亲戚朋友当中也没有人能够为小李推荐工作单位，所以，小李十分相信学校的就业信息网，她经常查看学校就业信息网上的招聘启事。

最终，她选择了中国农业银行总行和一家国外独资企业作为自己的应聘对象，积极投递自荐信和个人简历。由于两家单位都是广大毕业生非常向往的就业单位，前去应聘的毕业生人数很多。面对众多的应聘者，两家单位均采取笔试加面试的考核方法进行筛选。其他毕业生均感到能够在其中一家单位参加到最后一轮面试就绝非易事，小李却坚持到最后一关。考核后等待时间不长，在一周之内，这两家单位都向她伸出橄榄枝。取谁舍谁？小李没有立刻决断，而是广泛征求父母、老师和同学的意见，她得到的建设性意见基本分为两个方面：一方认为去外资企业工作利大于弊。其依据是，外资企业有利于个人的发展，工资待遇高，流动比较容易，出国留学比较方便；不利的是工作不努力的话，容易被"炒鱿鱼"。另一方认为去中国农业银行工作利大于弊。其依据是，女生适合比较稳定的工作，银行工作风险不大，劳动强度不高，待遇虽然没有外企高，但是内部福利并不少；不利的是工作合同年限较长，不方便出国留学和适时的流动。

小李结合各方面对自己提出的忠告和建议，分析了自己的性格特点、两家单位的用人标准和自己将来的发展趋向，在两家用人单位的最后答复期限内，选择了中国农业银行总行，婉言谢绝了那家独资企业的邀请。

【思考】

1. 小李是如何最终确定自己的就业单位的？你认为要树立正确的择业观，应从哪些方面入手？

2. 小李为自己的求职做了哪些准备？你是否在为自己以后的求职积极做准备？

案例二

中行之梦

中国银行某省分行拟在北京大学、中国人民大学、清华大学、复旦大学等几所名牌大学招收应届毕业生，竞争很激烈。

人民大学的小杨是一个热门专业的本科应届毕业生，他从同学那里得知，中国银行某省分行将在学校开招聘会，由于时间十分仓促，他没有来得及换上西装和领带，只是穿着平时的夹克衫，带着自己的简历就去招聘会了。

中国银行某省分行的招聘会有些特别：招聘现场，放了十多张椅子，按交简历的顺序，让十几名应聘者向招聘人员作自我介绍，再据此决定下一轮的角逐。

小杨没有时间再回宿舍去做准备了，只好仓促上阵。针对自身的特点，他为自己做了一个定位：勤奋、朴实、团结，有团队合作精神。他只用了两分多钟，以简洁明了的语言介绍了自己，然后便在一边静待结果。

他顺利地通过了第一关，接下来是填应聘表格。表中所涉及的内容很多，小杨填写表格后，有一种一切不出所料的感觉。与他一起填表格的十多个人都收到了中国银行某省分行的草签接收函。

小杨不久就接到了通知，让他到单位去面试，由行长直接与复试的应聘者单独谈话，决定录取与否。他这一次是有备而去的，对银行的特点和银行工作的特点都有了一定的了解，准备以一个勤奋、团结的形象出现在领导面前。

面试时，行长提的第一个问题是："你为什么选择我行作为应聘目标？"小杨讲了自己的理解，他把自己求职目标的选择界定在三个方面：第一，对金融业的热爱，想在金融系统工作；第二，银行可以使自己很快地积累经验，提高素质；第三，中国银行是中国对外金融业务的窗口，自己所学的是涉外专业，希望从事与此相关的金融业务。他的回答条理清晰，也很有诚意。

行长提到了期望值，小杨谈了自己的看法。行长说："许多大学生在求职时，都把中国银行的工作想得十分浪漫而富有激情，而实际上，工作是很单调、很平凡的，对这一问题你是如何看的"？小杨重点强调了自己踏实勤奋的品格，并表明了自己为中国银行服务的热忱和态度。行长几次对他表示赞许。

中国银行对人员的要求与其他单位有所不同。外企、民营企业看重员工的创新意识、开拓精神，中国银行则侧重于员工的勤奋、朴实，是否具有一定的政策理论水平和业务水平，能否处理比较复杂的问题。小杨在与行长的谈话中，有意识地强调了自己是银行所需要的类型，所以这次面试是成功的。不久，他接到了银行的录用通知。

【思考】

1. 小杨在求职过程中的表现有哪些是值得你学习的？

2. 你认为在求职过程中应注意哪些问题？

3. 分组模拟面试过程，熟悉一下面试的流程，同时掌握面试的技巧。

案例三

一个大学女生宿舍的求职故事

毕业生对于求职，各有体会，各有收获，有特别疑惑的，有特别麻木的，也有特别淡定的，大致可分为以下几类：一类是找工作特别积极的，买求职参考书，参加各类招聘会，也会被一些公司企业录用，但总是无法确定该做什么工作；一类是找工作特别有针对性，总是朝着自己想要的企业或职位向前冲，身上似乎装了职业定位系统，清晰得让人怀疑；一类是升学族，最后一年不停地努力学习，虽然很累，但也会感到成就感；还有一类则是瘫痪族，这一类一般是学习不积极，招聘会好像也与自己无关，求职信息成了垃圾信息。

有一个宿舍的女生们，面对毕业，各有自己的想法和行动，下面让我们来一一分享她们的故事。

1. "纠结"达人：疯狂面试，以此为乐

阿紫，活泼开朗，性子急，在文艺方面有一定的特长，而且学习不错，经常拿奖学金。

阿紫在暑假就加入到了应届生求职大军中，她首先注册了各大求职网站，本着"宁可错杀一个，不可放过一个"的信念，开始海投。因为阿紫热爱文学，所以所投职位都与文字有关。虽然专业并不对口，但是阿紫在简历中充分展现了她的文字功底，所以她投出的简历多半通过了筛选。接下来，阿紫开始奔波于各个面试，甚至有时一天四场。阿紫很享受面试的过程，她觉得多参加面试和笔试能够帮助自己累积经验，如果被录用，更能够帮助自己建立信心，为以后的应聘做好准备。

功夫不负有心人，由于她目标定位比较明确，而且在面试中喜欢总结，自己的求职技巧逐步提高，不久后就收到了第一份录用通知。但是她好像觉得成功来得太快，第一份工作就不了了之了。接下来她继续赶场求职，有几家单位都同意录用她，但是她最终也没有确定选择哪一个。她的同学很不理解，但她总说："还是再等等吧，或许还有更合适的。"于是，她依旧奔波于各个面试，成了同学们口中的"面试达人"。

2. "研情"达人：一心考研，绝不动摇

一直学习努力认真的小宇，从大三就开始执行自己的考研计划。大三时各门专业课齐齐上阵，小宇在上学期就找好了自己感兴趣的毕业论文方向，并和指导老师商量好了实验进度，一面应对多门专业课，一面进行毕业论文实验。到大三暑假结束时，她已经完成了全部的毕业论文实验，有足够的时间展开自己全面的考研复习。复习的日子是枯燥而漫长的，她每日赶在图书馆开门之前抱着一摞书前去占位，埋头书海整整一日，晚自习结束后才回到宿舍。在高数、英语、政治和一门陌生专业课的反复煎熬中，她也会有消极或者迟疑的时候。"为什么在这所考研氛围并不浓烈的学校里，我一定要选择考研呢？用将近一年的时间纠缠这几门课程，就为换来某所大学研究生院的录取通知书，到底值不值得？最重要的是，经历3年枯燥的研究生生涯，等到毕业时，我未来的生活一定会比用3年时间增加自己工作经验的同学要好吗？"最终，对自己有一个更高的起点的期待以及对更深入的学习的向往，战胜了这些遥远的疑问。

大四的时候，小宇申请了本校本专业的免试研究生推荐，在半个月的针对性准备之后，小宇顺利获得了免推生的资格。面对这个结果，小宇却喜忧参半，一方面是没有了考试的的压力，又有将近一年的自我支配时间，可以做些自己喜欢做的事情；另一方面，虽然小宇对本专业很喜欢，但是没有通过考研到一所更具有实力的学校深造，在小宇心里留下了一些遗憾。不过同学和老师的祝福和鼓励，让小宇慢慢觉得自己的决定做得很正确，开开心心地成了宿舍最轻松的一个人。

3."天马行空"达人：沉溺幻想，脱离现实

小琴，热情好动，口才颇佳，家境殷实。小琴大学期间积极参加学校的社团活动，比较擅长演讲，在很多演讲比赛中表现出色，获得了很多奖项。她对自己很有信心，加上家境较好，常说："像我这么聪明又有能力的人还怕找不到工作吗？"

家境殷实的小琴，父母早已为她准备好出国的资金，连实习证明也早早办好，她无需经历艰难的求职过程，所以在她看来，找工作是一件太简单的事情，只要她想工作，工作便会乖乖送上门，不费吹灰之力。她用旁观者的姿态，调侃求职失败的同学，认为求职失败对于一个正常人而言是不可能的。不过看到身边的同学一个个积极地找工作，她也准备好行头和简历参加了一次校园招聘会，结果却备受被打击，第一轮就没有通过，她终于开始怀疑自己的能力了。

4."被动"达人：被动中前进

小络的求职开始得有些被动，她总是喜欢看别人行动才决定自己要不要开始。到了11月份，看到宿舍和班里同学大部分都在讨论要不要签约，要不要去实习，要不要参加培训班的时候，她开始着急了。她开始思考自己能干什么，适合干什么。她也尝试去过一些单位实习，想看看自己适合什么类型的工作，她曾是学院羽毛球队的队长，于是去了一家体育用品的公司面试销售实习生，面试通过了，可是她却发现自己接下来的一个月都要做实验，没有时间实习，最后实习这个事情就不了了之了。10月份的时候，一个师姐需要做一个寒假冬令营的项目推广，要招实习生，

她通过师姐得到了这个实习的机会，开始了她的实习。与她一起工作的人都是些高校大学生，他们都很有想法，做事很有冲劲、很有效率。小络反思自己，觉得自己做事只有冲劲，从来不想做事的效果与方法，感觉自己跟别人有很大的差距。在10月底、11月份的时候，她也开始在网上海投，但没有具体的就业方向。她也收到过一些面试通知，但是数量很少，她觉得很可能是自己没有把简历写好，人事部门没有看到亮点。接下来11月底开始期末考试，一直要持续到12月中旬，期间她一直在复习，几乎没有怎么投过简历，她感觉年前应该找不到工作了，虽然心里忐忑不安，却也只能将希望寄托于来年的3月。

5.　"蜗居"达人：地动山摇，与我无关

可可，文静秀气，慢性子，宅女，平时就喜欢待在宿舍，也从未见她有过大喜或大悲，处事泰然，仿佛世界末日来临也无妨。除了上课，她几乎整日蜗居宿舍睡觉、看电视剧和漫画。她最近在网上投了几份简历，是一些与专业对口的公司，但是所投公司对学历要求很高，几乎都是硕士以上，学历要求低的其他公司薪资待遇又太低。宿舍同学很关心她，经常主动提供就业信息和招聘会信息，也经常督促她找工作，甚至拉她一起去，反倒是她本人没有那么积极。

6.　"公考"达人：坚持考到底，除非被阻截

小静是党员，一心想考上公务员，她考公务员最大的原因是出于家庭因素。虽然家里没有要求她去考公务员，但她是家庭观念很重的人，觉得公务员是一份稳定有保障的工作，可以让家里人放心。她报的是检测方面的公务员，她对食品检测比较感兴趣，并且很有信心，小静说她的体质不算太好，公务员相对来说没有业绩压力，比较适合她。

其实比起真正准备国考的人来说，她的准备略显粗糙。没有报考培训班，也没有很早着手准备。她大约花了一个半月的时间，几乎每天跑自习室去看真题解析，并做了几套模拟卷，期间也上网下载了一些公务员讲座的视频来学习。

国考前那天晚上，她没有觉得紧张，睡得很安稳。比起以前的高考中考来说，面对国考这种大型考试，她觉得很坦然。考完国考，自然算是一种无形压力的释放，心中所有的滋味瞬间化为一个字——"累"。回想起来，她始终觉得自己的国考路可以用两个字来形容——"热血"！她一想到那是来自家庭的力量，想着如果考上就能让家里人少操一份心，就会义无反顾、全力以赴。她决定如果国考不行就参加省考，坚持到最后。

【思考】

1. 分析一下她们面对毕业求职时各自的表现。

2. 读完她们的故事，你觉得她们有哪些地方是值得你学习的，又有哪些地方是要引以为戒的？

_____

_____

_____

_____

_____

_____

_____

_____

 拓展阅读

1482年，时年31岁的达·芬奇离开故乡佛罗伦萨，来到米兰。他给当时米兰的最高统治者——米兰大公鲁多维柯斯弗查写了封求职信，希望谋得一个军事工程师的职位，这封求职信就是著名的《致米兰大公书》。

显贵的大公阁下：

我对那些冒充作战器械发明家的人所进行的试验作了观察和思考，发现他们发明的东西与平常使用的并无两样，故此斗胆求见阁下，以便面陈机密，但对他人不抱任何成见。

一、我能建造轻便、坚固、搬运便利的桥梁。可用来追逐和击败敌军；也能建造坚固的桥梁，用以抵御敌军的炮火和进攻，这种桥梁装卸非常方便，我也能焚毁、破坏敌军的桥梁。

二、在围攻城池之际，我能从战壕中切断水源，还能制造浮桥、云梯和其他类似设备。

三、一个地势太高，或坚不可摧，因而无法用炮火轰击的据点，只要它

的地基不是用石头筑的，我能摧毁它的每一个碉堡。

四、我还能制造一种既轻便又易于搬运的大炮，可用来投小石块，犹似下冰雹一般，其中喷出的烟雾会使敌军惊惶失措，因而遭受沉重损失，并造成巨大混乱。

五、我能在任何指定地点挖掘地道，无论是直的或弯的，不出半点声响，必要时可以在战壕和河流下面挖。

六、我能制造装有大炮的铁甲车，可用来冲破敌军最密集的队伍，从而打开一条向敌军步兵进攻的安全通道。

七、在必要情况下，我能建造既美观又实用的大炮、追击炮和其他轻便军械，不同于通常所使用者。

八、不能使用大炮时，我能代之以弹弓、投石机、陷阱和其他效果显著的器械，不同于通常所用者——总之，必要时我能提供不胜枚举的进攻和防御器械。

九、倘若在海上作战，我能建造多种极其适宜于进攻和防守的器械，能制造可以抵御最重型火炮炮火的兵船以及各种火药和武器。

十、在太平年代，我能营造公共建筑和民用房屋，还能疏导水源，自信技术决不次于他人，而且保君满意。

此外，我还善于用大理石、黄铜或陶土雕塑；在绘画方面，我也决不逊色于当今任何一位画家。

我还愿意应承雕塑铜马的任务，它将为您已故的父亲和声名显赫的斯福乐尔扎家族增添不朽的光彩和永恒的荣誉。

如果有人认为上述任何一项办不到或不切实际的话，我愿随时在阁下花园里或您指定的其他任何地点实地试验。谨此无限谦恭之忱，向阁下候安。

达·芬奇

达·芬奇写这封"求职信"的时候，米兰大公当时的处境可谓强敌环伺，他要击败意大利的敌对城邦并消除来自北欧和西亚的威胁，就不能不大力发展军事制造业，因此急需这方面的人才。作为文艺复兴的领军人物，达·芬奇不仅会画鸡蛋，其实，他是个多才多艺的人，在美术、音乐、数学、医学、哲学和其他领域都拥有卓越的才能。

米兰大公收到此信后不久，就召见了达·芬奇。在短暂的"面试"后，正式聘用达·芬奇为军事工程师，且待遇十分优厚。

【思考】

达·芬奇多才多艺，在很多领域都拥有卓越的才能，但他在求职信中主要介绍了自己在军事工程方面的能力，对他的这种做法你怎么看？达·芬奇的求职信对你有什么启发？你认为怎样才能写一封好的求职信？

_____

_____

_____

_____

_____

_____

_____

_____

名人名言

●有总是从无开始的；是靠两只手和一个聪明的脑袋变出来的。

——松苏内吉

●培育能力的事必须继续不断地去做，又必须随时改善学习方法，提高学习效率，才会成功。

——叶圣陶

●人人都说非得成功不可，但是我却这样想：首先需求取生存，这样才是世界最大的成功。

——法坚强诺

●凡事总要有信心，老想着"行"。要是做一件事情，先就担心着："怕咱不行吧"，那你就没有勇气了。

——盖叫天

【思考】

结合上述名言，谈谈你对择业及求职的认识。

_____

_____

_____

_____

_____

_____

_____

_____

第六章 培养创业能力

知识链接

1．创业的重要意义

（1）创业是提高个人素质的重要途径。

（2）创业促进职业生涯目标的实现。

（3）创业有利于社会的发展。

2．创业有利于社会的发展

（1）创业有利于缓解和解决就业问题。

（2）创业有利于社会资源的合理配置。

（3）创业有利于推动科学技术的进步和社会生产力的发展。

3．创业者应有的素质和能力

（1）创业意识：创业动机、风险意识、责任观念。

（2）综合素质：专业技术知识、经济法知识、经营管理知识、创新思维。

（3）应用能力：学习能力、实践能力、管理能力、协作能力、服务能力。

4．中职生创业的优势

（1）年龄优势。

（2）专业技能。

（3）实践经验。

（4）社会帮助。

5．在校期间的创业准备

（1）熟悉创业流程。

（2）了解市场行情。

（3）积累人脉资源。

（4）学习经营知识。

（5）构思企划方案。

（6）进行创业体验。

6．寻找创业机会

（1）从问题中寻找创业机会。

（2）从自己的兴趣中寻找创业机会。

（3）从自己的优势中寻找创业机会。

（4）从学习、思考、观察中寻找创业机会。

（5）从闲置的资源中寻找创业机会。

（6）从隐蔽的资源中寻找创业机会。

（7）从改变习惯思维方式中寻找创业机会。

（8）从事物的整合中寻找创业机会。

（9）通过借势寻找创业机会。

（10）从产业链中寻找创业机会。

（11）从变化中寻找创业机会。

（12）从对手的缺陷和不足中寻找创业机会。

（13）从顾客的差异中寻找创业机会。

（14）从新技术、新产品的产生中寻找创业机会。

（15）从国家政策中寻找创业机会。

（16）从外地或国外寻找创业机会。

7．组建创业团队

（1）优秀创业合作伙伴通常应具备的素质：慈孝、果断、诚信、成熟、专注、认真、开朗、现实、讲效率、忠诚于角色、不虚荣、不狂妄。

（2）组建优秀创业团队的要点：彼此了解，相互信任，理念一致、目标相同，取长补短、相得益彰。

8．创业计划书的内容

一般来说，创业计划书主要包括封面、目录、计划摘要、产品介绍、人员及组织结构、市场预测、营销策略、制造计划、财务计划以及附录（如果需要的话）等部分。

9．创业计划书的编写步骤

（1）准备阶段。

（2）资料搜集阶段。

（3）具体编写阶段。

（4）检查阶段。

 实践与训练

（一）填空题

1．_____是解决就业问题的一种行之有效的方法，对整个社会的就业压力起到一定作用。

2．真正决定创业能否成功的是创业者的_____、_____和_____等内在因素。

3．创业意识主要包括_____、_____、_____三个方面。

4．中职生创业的优势有_____、_____、_____、_____。

5. 中职生在校期间的创业准备包括_____、_____、_____、_____、_____、_____。

6. 要组建一个成功的创业团队，应特别注意彼此了解、_____，理念一致、目标相同，_____、_____。

7. 创业计划书主要包括_____、_____、_____、_____、人员及组织结构、市场预测、_____、_____、_____以及附录等部分。

8. 创业计划书的编写步骤包括准备阶段、_____、_____、_____。

（二）单项选择题

1. 以下不属于中职生创业的意义的是（　　）。

　　A. 创业是获得经济收益的捷径

　　B. 创业是提高个人素质的重要途径

　　C. 创业促进职业生涯目标的实现

　　D. 创业有利于社会的发展

2. 创业能否取得成功的决定因素不包括（　　）。

　　A. 创业者的创业意识　　　　B. 创业者的综合素质

　　C. 创业者的应用能力　　　　D. 创业环境

3. 下列不属于创业意识的是（　　）。

　　A. 创业动机　　　　　　　　B. 风险意识

　　C. 创新思维　　　　　　　　D. 责任观念

4. 以下不属于优秀创业合作伙伴应具备的素质的是（　　）。

　　A. 慈孝　　　　　　　　　　B. 果断

　　C. 开朗　　　　　　　　　　D. 独裁者

（三）辨析题

1．创业不仅对创业者具有重要意义，而且对社会具有重要的意义。

2．创业能否取得成功受创业者的内在因素和环境等外在因素的影响，真正起决定作用的是创业环境等外在因素。

3．中职生创业阻碍较多，不具备一定的优势。

4．中职生要想尽早实现创业，在校期间就要了解创业的各种知识，提前做好相应的准备。

（四）简答题

1．中职生创业具有什么样的重要意义？

2．创业意识包括哪几个方面？

3．中职生要想成为一名成功的创业者，必须具备哪些素质？

4．创业者要具备较强的应用能力，具体包括哪几个方面？

5．简述中职生创业的优势。

6．中职生要想尽早创业，在校期间应做哪些准备？

7．中职生可以从哪些方面寻找创业机会？

8．优秀的创业合作伙伴通常应具备哪些素质？

9．要组建一个成功的创业团队，应注意哪些要点？

10．简述创业计划书的内容。

11. 编写一份好的创业计划书有哪些主要步骤？

（五）案例分析题

案例一

技能改变未来

——一个中职毕业生的三年创业故事

小刘，男，江苏省如皋职业教育中心校 2016 级数控班学生，在校期间思想上积极要求上进，尊敬师长，团结同学，品学兼优，有较强的组织和管理能力。小刘历任班级团支部书记、年级团总支书记、校团委委员、学生会副主席，他在锻炼中不断成长，培养了出色的管理能力。2017 年下半年，他通过自己的勤奋努力，顺利取得车工高级工证书。由于小刘各方面都很优秀，加之当时学校紧缺实习指导老师，所以，在学校的诚挚邀请下，他毕业后留校担任实习指导老师。

留校工作期间，小刘努力做好实习指导工作，所带学生全部顺利通过车工中级工考试，同时，他始终牢记自己的奋斗目标和人生理想，在做好本职工作的同时积极筹划创办自己的企业。机遇特别青睐努力上进的人，2019 年小刘自主创业，创办了"T 创新数控技术有限公司"，从事机械产品加工。在创业中，他饱尝了在商品经济大潮中搏击风浪的酸甜苦辣，也体验到实现人生价值的幸福。"用诚实的心做人，用感恩的心做事，用最短的时间帮助更多的人就业"，这就是他们公司的宗旨。至今，他的公司已为 200 多名下岗职工及待业青年提供了就业机会；他向社会献爱心，为贫困山区小学的学生捐送了价值两万余元的书包和文具。

在如皋职业教育中心校，小刘知名度很高。小刘说："这无非是三个原因：一是在学校的时候比较活跃，在校内的各类技能比赛上斩获颇丰；二是刚刚毕业就当了学校的老师，带学生实习；第三，就是毅然放弃稳定的工作选择创业，在一清二白的基础上做出了一点成绩。"而按他的班主任卢向民的话说，这小子出名是因为他创业的"三级跳"。

在学校的时候，小刘多次担任团支部、校团委和学生会干部，虽然文化成绩一般，但技能过硬、钻劲十足，俨然是学生领袖。2013 年年初入学，小刘读机电工程部的机电专业，仅一年，他就把机电的证书统统考完了；次年转战数控专业，顺利考取车工高级工证书。这段经历被小刘称为创业"第一跳"，他说中专毕业的学生创业凭借的就是技术，"技术改变未来"。

"第二跳"发生在小刘毕业一年后。由于技术过硬，为人诚恳，当时紧缺实习指导老师的如皋职业教育中心校挽留小刘担任实习指导老师。"夹在一堆学生中间，实习的厂里根本分不清哪个是老师。"小刘回忆起做老师的时光，感慨万千，"带学生跟做生意一样，诚意和技术最重要。"经过努力，小刘逐渐获得了学校师生的认可，他所带的学生全部顺利通过车工中级工考试。可就在老师越当越上手的时候，小刘毅然决定离开了学校，在家门口挂上"南通创新数控技术有限公司"的牌子，踏上了创业之路。

谈及原因，小刘嘿嘿一笑："社会这么大，总要自己出来闯的，况且我自认为技术和能力都不错。"创业开始，小刘并没有想得那么远，跟很多人一样，他买回了一台机床开始做来料加工，打算凭自己在学校学的过硬技术闯出一片天地。

"机床的钱是家里凑了几万加上自己做老师攒的钱。"小刘说创业最困难的不是起始资金，而是没有路子，"别人一看你是个毛头小子，谁放心把东西给你做啊。"从2019 年12 月份买回第一台普通车床开始，小刘骑着家里的旧摩托跑遍了如皋所有"具有生意潜质"的工厂，过了将近一年"求爷爷告奶奶"的日子，不仅"收入只比上班略好"，而且有的生意还要赔钱。

"答应人家的就一定要做到。"这是小刘做生意的信条。有一次，如皋食品机械厂给了小刘一批材料，让他试试，但做出来的成品却总有鱼鳞状的震痕。为了给客户满意的交代，小刘自己买来材料重新做，不停地探索，最后发现客户要求的成品，他的机床根本做不出来，只能加工到一定程度，再拿去大的厂子打磨。"为了给自己买回来的材料进行热处理，我年前数次冒着大雪跑热处理厂"，这笔才赚 400 多块钱的小生意，小刘前前后后亏了 1 000 多块钱，但他觉得值得，"现在食品机械厂是我的固定客户了。"

几年奋斗下来，小刘终于拥有了一间 150 平方米左右的仓库，里面有 6 台机器，4 个工人，他用沾满油污的手指着仓库说："这就是卢老师说的第三跳。别看它小，一年产值能有 100 多万。"阳光打在脸上，小刘踌躇满志。去年，他卖了刚开了一年的二手普桑，骑回旧摩托，把全部家当投进了这个厂房。他又开始了新的规划！

【思考】

1. 小刘为自己的创业做了哪些准备？

2. 小刘具备哪些创业的素质和能力？

3. 读完小刘的创业故事，你有什么感受？与大家分享一下。

_____

_____

_____

_____

_____

_____

_____

_____

案例二

一个中专女生网上成功创业的故事

在上海市金山区金山卫镇的上海 J 贸易有限公司内，年轻姑娘们一个个坐在电脑前，聚精会神地在接单、打单或售后服务等工作岗位上忙碌着。这家有着 50 名职工的企业，主人是位只有 23 岁的年轻姑娘小宋，这个身价过千万的年轻企业家为 50 人解决了就业问题，开创了 80 后创业的神话。

自小贪玩的小宋创业实属偶然。上中专时，她对电脑上的各种游戏滚瓜烂熟，所有账号都练到 99 级。此时，网上刚兴起电子商务，小宋带着"打游戏"的轻松状态，向父母要了 500 元本金，陆续开了 5 家网店，专卖化妆品。边上课，边开店，1 年下来小宋赚到了 1 万元。

一人的艰辛创业"小试牛刀"就获得了成功，小宋想到了帮手。那是 2017 年 4 月，小宋经人介绍，认识了比她大 3 岁的小冯。小冯中专毕业后待业在家，她聪明能干，与小宋一拍即合，来到闵行共同为小宋的网店打拼。小宋有了帮手后如虎添翼，网店很快晋级为两个皇冠。由于经销的商品不断增加，小宋有了做大网店的进一步设想。

2019 年，小宋把网店搬到了金山，不仅租借了办公场所，还租借了 1 000 多平方米的库房。随着网店生意越做越大，她还注册了一家 J 贸易有限公司，并与区职介部门联系，陆续招聘新员工进企业。经过近 2 年的努力，小宋经营的公司按接单、打单、配货、检验、售后、采购、美工等工种配备员工，现在已有 50 名。就以接单来说，这家公司 24 小时有人接单，光接单的操作员就有 12 名。

招聘的员工有本地的员工，有外来打工者，也有就业困难者。有位青年待业在家，无所事事，家长连续三次上门为其求职，小宋录用这名青年后，他十分珍惜这份工作，在仓库认真负责，货物很少受损。

现在，公司这一批能干的年轻人成了小宋的"左膀右臂"。与小宋一起打拼了 3 年的小冯，成了公司的主管；来自浦东 24 岁的小邱成为公司采购主管，公司经销的 2 000 多种产品都在她的掌控之中；还有担任售后服务的小石，两年来，她始终保持"真心对待客户"的真诚，为网店争得了一个个桂冠。

4 年打拼让小宋成为一名成功人士。但年轻气盛的她并不满足，开店 4 年，没有真正休息过一天，而且作息时间还与常人颠倒，常常为了选货、作价、开发新品而忙碌到凌晨四五点钟。小宋说："互联网是个创造奇迹的地方，我一个网店能为 50 名兄弟姐妹创造就业的机会，这就是一个奇迹，我将为之而更加努力。"

【思考】

1. 小宋是如何创造创业的机会的？

2. 你认为小宋的创业成功是否与她的团队有关？

3. 你是否发现周围有合适的创业机会，写一份创业计划书，分组互评一下。

_____

_____

_____

_____

_____

_____

案例三

积健为雄，成功走出创业路

没有谁比谁更强，重要的是要做到下一刻比当前更好。去勇敢地拼一拼，其实我们每个人都可以成为一只雄鹰。

——题记

他，凭借着脚踏实地、努力钻研、勇于挑战的精神，一步一个坚实的脚印，走出了一条自己的成功创业路。他是真正的创业者、真正的成功者。他就是我校 1995 级机电专业毕业生——小李。

风生于地，起于青萍之末

当 4 年紧张的中专生活结束时，小李和同学们一样面临着就业的选择。大多数同学都争先恐后地选择了进入工资高、待遇好的独资、合资单位的非对口专业，但小李有自己的想法，他更看重的是专业对口，更看重的是一个能学习和提高技术的平台。有远见的他最终选择了一个仅十几人规模的生产传感器控制系统的民企，月薪只有 600 元。事实证明，他的选择是正确的。在这家企业工作的 4 年时间里，他努力工作，多少个日子都是早早地到厂，披星戴月地回家。凭着一股冲劲，他不断地学习新知识、积累工作经验，从只会看简单电路图到能组装成套传感器系统，从车间一线生产到跑外调试设备，从技术研发到组织管理，为今后的发展打下了坚实的业务基础。一分耕耘一分收获，凭借出色的业务能力和优异的工作成绩，他被提拔为公司经理。随着经验和阅历的增长，他开始不满足已有的业绩，对自己提出了更高的要求，渐渐地，创建一份属于自己的事业的想法在他的心底开始萌芽。

艰难困苦，玉汝于成

为了实现这个梦想，小李开始寻找一个更高的平台锻炼发展自己。2003 年 7 月，他应聘进入天津经济技术开发区天津 S 电器有限公司。这是一家制造汽车灯具的中日合资企业，当时该公司正准备上马国内第一条欧蓝德车灯生产线。汽车灯具对小李来说是全新的陌生领域，但对一向喜欢挑战创新的他来说，这并不能成为阻碍。他如饥似渴地阅读了大量汽车领域的资料，了解到中国汽车工业正处于发展的初级阶段，水平相比发达国家差了几十年，他觉得自己肩上多了一份沉甸甸的责任，这份责任感激励着他把全部精力投入到了这个生产项目上。

在生产研发期间，作为优秀员工，他被选派到日本汽车企业学习。在日本，当他第一次看到偌大的生产车间，整条生产线上只有一个工人操作的时候，惊叹至极，这种先进的生产技术完全超乎了他的想象。满载收获归来，他投入了该生产项目的攻坚战。他下定决心，再难的骨头也要啃，再难的堡垒也要攻下。接下来的日日夜夜，他进入了废寝忘食的满负荷工作状态。办公室里他一遍又一遍地画着图，反反复复地修改，埋在高高摞起来的图纸中头也不抬；空荡荡的生产车间里，他苦练组装，100 多个工件一个个熟悉，直到组装起来胸有成竹。经过他和他的团队的努力，国内第一条欧蓝德策划生产线顺利投入生产，月产量达 25 000 台，产品销往全球。这条生产线的成功投产，就像婴儿降生，倾注了他太多的期盼、太多的心血、太多的欣喜。

当他一下子从高度紧张的工作状态中释放出来时，感觉整个人都像散了架一样，但他骄傲自豪的是，这条生产线得到了日本总公司的认可。公司更是对小李的努力钻研、锲而不舍的精神以及出色的工作表现进行了肯定，提拔他为正系长。之后他又四次被公司派往日本培训，逐渐成长为公司的中流砥柱。

在 S 公司事业的稳健发展，为他以后的创业起到了重要作用。随着机遇的来临，创业也成为水到渠成的事。成立一家公司、开创一片天地已不再是梦想。

羽翼丰满，选择创业

2012 年，小李辞去工作，创建了 T 机电设备有限公司，致力于汽车灯具组装设备及非标设备自动化生产线的设计、加工和后期的技术跟踪服务。从跻身汽车配件生产领域开始，T 就凭借着质量高、效率高、服务优的口碑，在竞争激烈的市场中赢得了一席之地，实现的年产值达 1 300 万。在小李的规划下，公司推出"交钥匙工程"服务，直到客户满意为止。T 的企业文化是，创新是发展之路，只能被模仿，不能被超越。小李前进的步伐越来越快，今年公司要完成科技型中小企业的申请，还要申请四项新的技术专利。

正当年富力强，小李就像一只在风雨中已经练就坚实翅膀的雄鹰，正向着蔚蓝广阔的天空翱翔。

感恩母校，回忆成长

当他谈起母校，反复表达的就是感恩。4 年的职校生活中，敬业的老师们教给了他做人的道理、扎实的专业知识，一轻的校园文化更是从精神上濡养了他。每当课余时间，他漫步在校园，看到操场周围棵棵高大的白杨树像战士守卫着校园，体味到了那种不屈不挠、积极向上的精神，这种精神从青少年时代就已深植到他的骨子里，成为他一生的追求。

采访感悟

小李的创业之路是一条坚实的路，他的成功靠的是努力、拼搏、锲而不舍。我们中职生要学习他那种精神，敢拼、敢干，开拓出属于自己的人生道路。我们的未来不是梦，它就把握在你我手中，拿出勇气，放飞自己，拼一个无悔的青春！

【思考】

1. 小李具备哪些创业者的素质和能力？

2. 小李为创业做了哪些准备？

3. 你从小李身上学到了什么？谈谈你的感悟。

拓展阅读

2012 年一款桌面游戏——《三国杀》风靡全球，而这款游戏的创始人小黄同年也一举进入《福布斯》中文版首度推出的"中美 30 位 30 岁以下创业者"的名单里，创造这份辉煌的奇迹，他只用了短短的 6 年。

小黄出生于福建福清。他从小就喜欢玩游戏和画画，与同龄人不同的是，他不只是仅仅满足于"玩"游戏，而是更喜欢改造游戏。高考那年，根据自己的爱好，他报考了中国传媒大学"互动艺术"专业。

大二的那年暑假，他在北京一家外国人开的桌游吧里第一次接触到了桌面游戏。桌游的世界，包罗万象，涉及的题材包括战争、贸易、文化、艺术、城市建设、历史甚至是电影。他非常感兴趣，但同时也有些困惑，当时大多数桌游都是舶来品，背景和角色对于中国的大部分玩家来说都非常陌生。能不能设计一款中国玩家的游戏呢？想到这些，他产生了创作的冲动，就此展开了大量的探索，开始尝试把游戏的角色替换成身边的人：熟悉的好友、同宿舍的兄弟，甚至在讲台上讲课的老师，并且量身定做了"独门绝技"。

当尝试创作到了一个阶段，小黄又迸发出了另外一个奇思妙想：为什么不用富有浓郁中国色彩的三国时期的背景来设计呢？比如张飞想要刺杀刘备，诸葛亮和司马懿正在决斗，关羽为了保护孙权奋不顾身……在《三国杀》的游戏里，可以充满各种可能性。

不到一年，小黄就设计出了《三国杀》这款游戏。他的心思再次转动了：既然国外的桌游都能风生水起，那《三国杀》又何尝不可？于是他和另外两个朋友合伙琢磨了一下，成立了一个工作室，然后把《三国杀》纸牌放在淘宝网上售卖。当时小黄并没有意识到这款游戏能给中国桌游带来这么大的震撼。他笑言："能赚点零花钱就好。"

焦急的等待后，当第一笔生意提示交易成功时，他兴奋不已。之后销量逐渐上升，半年内更是卖出了上百套。不过，小黄并没有把卖卡牌当一项大生意来做，直到他遇到以后最好的合作伙伴——清华大学计算机专业博士生小杜。

作为国内最早一批桌游爱好者，小杜敏锐地察觉到了《三国杀》的巨大商业潜力。他主动找到小黄，两人一拍即合，决定成立一个桌游工作室，专门经营和开发桌游。2008 年 11 月，国内首家桌游公司——北京游卡桌游文化发展有限公司正式成立。

为了赶在次年1月1日前出版《三国杀》的正式游戏，他和伙伴们连续四个月没日没夜地设计绘制卡片，为了将游戏制作得更有趣，同伴间也常常争论得面红耳赤。那时候正值毕业，论文和毕业设计都是硬关，测试卡牌之余，还要不停在各个学校之间来回跑动，熬夜失眠更是家常便饭，但是他都努力坚持。

随着渠道的扩展和口口相传，玩《三国杀》的人越来越多。从创立时只有3个人、5万元的游卡桌游公司，已发展成为一家有上百人、资产过千万元的大公司。

如今《三国杀》的全球玩家已经超过1亿人次，手机平台下载用户超过3 000万，而自2010年起，《三国杀》每年的销量在200万套以上。

现在，他统领着一支数十人的游戏设计团队，没有了往日单干时的自由自在，但他依然乐此不疲，他说："《三国杀》成为中国的第一代桌游，是诸多因素叠加的结果。我的目标从来不是超越某个具体的产品，而是尽全力超越自己。"

【思考】

小黄从自己的兴趣和优势中寻找到了创业的机会，分析自身条件和周边环境，你是否找到了创业的机会？对于自己的未来，你有何打算？如果创业，你打算从哪些方面着手？你现在已做了哪些方面的准备？

名人名言

● 志同道合是成功的基础，保持团结才能不断发展，共同努力就会走向成功。

——亨利·福特

● 领袖和跟风者的区别就在于创新。

——史蒂夫·乔布斯

● 一个人再有本事，也得通过所在社会的主流价值认同，才能有机会。

——任正非

● 高筑墙，广积粮，缓称王。

——朱升

【思考】

读完上述名言，结合你所知道的生活实例，谈一谈你对创业的认识。

_____

_____

_____

_____

_____

_____

_____

_____

参考文献

［1］杜爱玲，蒋乃平：《职业生涯规划学习指导》，高等教育出版社，2009 年。

［2］杜爱玲，蒋乃平：《职业生涯规划学习指导》（修订本），高等教育出版社，2013 年。

［3］张晓静：《职业生涯规划学习指导》，经济科学出版社，2009 年。